Kohlhammer

Die Autor/innen

Dieter Franke, Dipl.-Psych., arbeitet seit 2010 zusammen mit seiner Frau in eigener psychologischer Praxis. Schwerpunkt ist die Beratung und Therapie von Paaren mit Beziehungsproblemen. Zuvor leitete er mehrere Jahrzehnte ein Institut für Markt- und Sozialforschung.

Anne Franke, Dipl.-Psych., arbeitet seit 2010 mit ihrem Mann in eigener psychologischer Praxis. Schwerpunkt ist die Beratung und Therapie von Paaren mit Beziehungsproblemen. Sie war zuvor als Familien-, Kinder- und Klinische Psychologin tätig.

Dieter Franke & Anne Franke

Die Liebe im Herbst

Wie Partnerschaft und Liebe in der zweiten Lebenshälfte gelingen

Verlag W. Kohlhammer

1. Auflage 2023

Gesamtherstellung: W. Kohlhammer GmbH, Stuttgart

Print:
ISBN 978-3-17-042368-8

E-Book-Formate:
pdf: ISBN 978-3-17-042369-5
epub: ISBN 978-3-17-042370-1

Dank und Widmung

Wir danken für die freundliche Genehmigung zum Abdruck folgender Gedichte:

Günter Grass: *Zuletzt drei Wünsche*. Erschienen in *Letzte Tänze*. © 2003, Steidl Verlag, Göttingen.

Ulla Hahn: *Gibt es eine weibliche Ästhetik*. Erschienen in *Gesammelte Gedichte*. © 2013, Deutsche Verlags-Anstalt München, in der Penguin Random House Verlagsgruppe GmbH.

Nazim Hikmet: *Ich liebe dich*. Übersetzt aus dem Türkischen von Helga Dagyeli-Bohne und Yildrim Dagyeli. Erschienen in *Das schönste Meer ist das nicht befahrene*. © 2014, Dagyeli Verlag e.G., Berlin.

Und für die Genehmigung zum Abdruck fachlicher Definitionen danken wir ebenfalls:

Duden - Das Fremdwörterbuch und *Das Herkunftswörterbuch*, © 2007, Bibliographisches Institut & F.A. Brockhaus AG, Mannheim.

Wörterbuch Psychologie von Werner D. Fröhlich, © 5. unveränderte Neuauflage 2017, dtv Verlagsgesellschaft mbH&Co.KG, München.

Gestaltung der Abbildungen: Christine Wallner; Manuskriptbearbeitung: Sebastian Franke

Gewidmet allen Sommerpaaren, die unserer Beratung vertrauten und allen Herbstpaaren, mit denen wir über ihre Liebe sprachen. Sie lehrten uns, wie sich die Liebe im wahren Leben anfühlt und funktioniert, aber manchmal auch ins Stottern kommt.

Inhalt

Was sagt das Ganze?

Liebe im Herbst? Von wann bis wann spannt sich diese Lebenszeit? Auch vom Danach und dem Davor wird hier die Rede sein, und jeder mag für sich bestimmen, wo sein Ort in diesem Zeitraum sich befindet. Erotik? Sex? Natürlich sind sie Teil der Liebe und damit ebenfalls Themen dieses Sachbuchs, das auch unterhalten will.

Erwarten Sie aber bitte keine Listen mit Verhaltensempfehlungen zum gefälligen Abhaken. Einschlägige Ratgeber gibt es bereits reichlich. Es geht vielmehr um Anregungen zum *How to think* und *How to feel*, aber durchaus auch zum *How to do*. Kluge Gedanken anderer werden Sie finden, eine Prise Statistik, einige Grafiken und – da Gedichte manches verdichten – zuweilen Rhythmik und Gereimtes. Wladimir Iljitsch Lenin, Sigmund Freud und Salvador Dali treten auf, wie auch Gestalten aus dem Alten Testament und Götter des Olymp. Wir werfen einen Blick auf die Jahre rund um 1968, als wir Herbstler jung waren – *Make love, not war* – und auf das eine oder andere Ereignis davor und danach.

Von besonderer Bedeutung ist jedoch, was unsere intensiven Gespräche mit reiferen Paaren über ihr Leben, über ihre Gedanken und Gefühle an Eindrücken und Erkenntnissen brachten. Sie lassen die Lebenswirklichkeit, das Hoffen und Befürchten im gemeinsamen Alter anschaulich in Erscheinung treten. Wir kontrastieren zudem diese älteren Paare mit Problempaaren aus unserer Beratungspraxis – deren Reibungspunkte finden ihr Gegenbild im Gelungenen der anderen.

Aus alldem entwickelte sich das Modell *PAARtitur*, das zusammenfügt und vor Augen führt, wie Liebe »funktioniert« – nicht nur im Herbst.

Ob Frau-Mann, Frau-Frau oder Mann-Mann: Liebe bildet für jede dieser Konstellationen die Grundlage, und mögliche Beziehungskonflikte entwickeln sich zumeist geschlechtsneutral. Auch Unterschiede zwischen Partnern in punkto Alter, sozialem oder kulturellem Herkommen und welcher Art sie sein mögen ändern nichts daran, dass ein Zusammensein nur mit gegenseitiger Zugewandtheit und Vertrauen auf Dauer gedeihen kann.

Kinder lieben Kaleidoskope. Die manchmal auch für sie traurige Welt gewinnt mit ihnen wieder Farbe, Freude, Leben. Blicken Sie durch unser Kaleidoskop – es ist gerichtet auf eine möglichst reiche Zweisamkeit im Herbst und darüber hinaus.

Auf geht's!

1

Selbstbewusstsein, Fitness und Penunze – was bei der Liebe hilft

Me Tarzan, You Jane! – und er schwang sich mit seiner Gefährtin höchst gekonnt und selbstbewusst an Lianen durch den Dschungel. Selbstbewusstsein – woraus speist es sich in älteren Lebensjahren? Aus dem, was man noch kann, wieder kann, neu kann? Dass man für seine Enkel, Kinder, Freunde wichtig ist? Dass man liebt und geliebt wird?

Blicken Sie doch einmal auf sich selbst und fragen sich, wie Sie diese Fragen beantworten würden. Vielleicht hilft Ihnen dabei auch die folgende Definition weiter.

> ***Selbstbewusstsein*** *bedeutet ... Denken und Handeln aus der Gewissheit der Geltung eigener Wertmaßstäbe bzw. ... die Überzeugung, mit allen Schwierigkeiten aus eigener Kraft fertig zu werden.* (Werner D. Fröhlich im Wörterbuch Psychologie, 2008, S. 435. Er war übrigens einer unserer frühen Psychologielehrer)

Wenn sich dieses Selbstbewusstsein allerdings mit ausgeprägtem Egoismus verbindet oder sich gar in Arroganz äußert, wird es der Paarbeziehung sicher nicht zuträglich sein. Ruhen aber beide Partner ohne solche Verirrungen in sich selbst und achten den jeweils anderen in seiner Art, gewinnt das Miteinander an Kraft und wappnet es für die Bewältigung von Krisen. Ist einer von beiden in dieser Hinsicht stärker ausgestattet, kann er seinem Lebensmenschen Halt bieten und sollte ihm helfen, mögliche Selbstzweifel aufzuarbeiten.

Martin Korte legt in seinem Buch *Jung im Kopf* detailliert dar, wie sehr Selbstbewusstsein in höheren Jahren das Meistern von Schwierigkeiten fördert. Wir werden später davon sprechen, dass trübe Stereotype vom Alter – Vorurteile also – den Blick auf die eigene Person und auf die Beziehung zueinander negativ beeinflussen. Die konkreten Alterungsprozesse werden dadurch beschleunigt. Es beginnt dann eine Abwärtsspirale, die am schwachen Selbstbewusstsein ansetzt.

Selbstwert, Selbstvertrauen, Selbstbewusstsein. Einmal abgesehen von der Anregung, etwas dafür zu tun (was wir später aufzeigen werden) – bereits die schlichte Tatsache, schon so lange in der Welt mit ihren Möglichkeiten und Gefährdungen existent zu sein, sollte den Rücken stärken. Warum nicht am Morgen dem eigenen gefurchten Antlitz im Spiegel sagen: Gut, dass du da bist!

Ich, der Dieter, schaue aber nicht nur mir selbst ins Gesicht, sondern auch ihr, der Anne:

PALIMPSEST

In deinen Falten verbirgt sich unsere Jugend
die weit entfernt in dir mir nah doch ist.
Ich will sie mit der Seele suchen
und fündig sein mit heiterem Blick.

Hier ist es glatt und da leicht angewittert
ich lese deine Haut als Palimpsest
bei dem schwach durch die Oberfläche schimmert
der fast entschwundene Tiefentext.

So schwer es ist, ihn richtig zu entziffern
so klar ist auch was er uns sagt
stets können wir uns dessen vergewissern
von Jahr zu Jahr und Tag für Tag:

Reich machen uns die Lebensrisse
der Zweifel und der Widerspruch.
Das Glatte ist nicht das Gewisse.

Bist du für mich ein offenes Buch?

Und ich, die Anne, bin von seinem Blick zwar angetan, gebe ihm, dem Dieter, aber nach langer Lebenssegelfahrt dann doch zu bedenken (Rilke sei Dank):

TRAUMGEDICHT

Herr: Ich bin's leid. Die Knochen tun mir weh.
Leg die Abdeckhaube auf den Kompass
und lass das Ruder steh'n.

Gib unseren Leuten noch den letzten Schluck vom Wein
lass sie packen räumen

nimm die Segel von den Bäumen
und steck sie in die Säcke rein.

Wer bald nicht anhält wird sich ewig grämen
mit sich hadern und dann sich schließlich
vor seines Weibes Tränen schämen.

Das wäre dann wohl besser zu vermeiden.

Es sind inzwischen Selbstverständlichkeiten, dass vernünftige Ernährung, sportliche Bewegung und Gehirntraining zur Verlangsamung von Alterungsprozessen beitragen. Bei Korte kann man nachlesen, wie solche bewusst verfolgten Fitness-Verhaltensweisen sich nicht nur auf das eigene Können und auf das Selbstbewusstsein positiv auswirken, sondern auch objektiv in der Veränderung von Gehirnstrukturen und Gehirnprozessen erkennbar sind. Und: Durch schlichtes Sichbewegen verlängert sich die Lebenszeit. Korte: *Wer jede Woche durch Sport 2000 kcal verbraucht, wird mit einem geringeren Sterberisiko belohnt. Es sinkt um 28 Prozent bei den 60- bis 69-Jährigen und sogar um 37 Prozent bei den 70- bis 84-Jährigen.* (Korte, 2014, S. 250).

Zudem arbeitet er heraus, wie wichtig der richtige Umgang mit Stress ist. Es gilt, mögliche Belastungen dieser Art bereits im Vorfeld zu erkennen und zu vermeiden – Zeitdruck, Informationswirrwarr, Streit und anderes mehr. Dabei kann Stress natürlich noch deutlich schwerwiegendere Ursachen haben:

Stress: *... ursprünglich für durch Zug oder Druck hervorgerufene Spannungszustände in Festkörpern. ... Zustände der Beanspruchung durch extreme psychische Belastungen wie schwere Konflikte, Lebensängste, Zukunftssorgen u. ä., die das innere Gleichgewicht stören.* (Fröhlich, 2008, S. 461)

Eine Aussage von Korte hat besonderes Gewicht: Es ist zwar sehr zu empfehlen, die alltäglichen Gewohnheiten schon ab seinen fünfziger Jahren in all diesen Belangen entsprechend zu steuern, es ist aber nie zu spät, damit zu beginnen. Auch jenseits der siebziger und sogar der achtziger Jahresschwelle lohnt sich der Start, um in die persönliche Entwicklung geistige und körperliche Energie zu investieren: *Über 70-Jährige, die erst in diesem Alter mit dem Ausdauertraining beginnen ... halbieren ihr Alzheimer-Risiko!* (Korte, 2014, S. 255). Und das ist nur ein Beispiel für die möglichen positiven Wirkungen. Also: Turne bis zur Urne – bleib auf Trab bis zum Grab.

Ältere Paare haben dabei gegenüber älteren Singles ein entscheidendes Plus: Sie können sich tagtäglich gegenseitig ermuntern, stützen und aus möglichen Motivationstälern herausholen. Hans-Werner Wahl konstatiert in *Die neue Psychologie des Alterns: So gibt es ... Befunde aus sehr alltagsnahen Studien ... die detailliert aufzeigen, wie alternde Ehepaare durch gegenseitige Stimulation und Kompensation ihre intellektuelle Leistungsfähigkeit interaktiv aufrechterhalten ....* Er fährt allerdings so fort: *... oder durch gegenseitige Nichtanregung schneller verlieren.* (Wahl, 2017, S. 43/44). Nichts zu tun hat also durchaus Veränderung zur Folge, und zwar hin zum Negativen.

Tanzen ist übrigens nachweisbar eine der besten Aktivitäten, gemeinsam Körper und Geist zu stärken. Martin Korte dazu: ... *Tanzen vereint die drei positiven Faktoren, die kognitives Altern beeinflussen: soziale Interaktion, Bewegung und Konzentrationstraining.* (Korte, 2014, S. 291).

Warum nicht alte Tanzfertigkeiten wieder wachrufen, es muss ja nicht unbedingt Rock 'n' Roll sein. Bei allem Gendering: Tanzmuffel ist immer noch ein männliches Wort, oder haben Sie schon einmal von einer Tanzmuffelin gehört? Offenbar muss vor allem Er in Bewegung gebracht werden. By the way: Es heißt weiterhin »der Engel«, von einer »Engelin« war bis dato noch nicht die Rede – ist denn nur Er beflügelt? Es beruhigt aber doch ein wenig, dass sich zum Teufel bereits seit langem die Teufelin gesellt.

Ähnlich vielfältig wirksam wie Tanzen ist *soziales Engagement*, sei es ehrenamtlich oder im privaten Umfeld. Es trainiert Empathie und emotionale Intelligenz und ist zudem in hohem Maße nützlich. Und wie der Tanz bietet es den Vorteil, sich dabei zusammen einsetzen zu können, wenn es denn den persönlichen Wünschen beider Partner entspricht. So könnte man sich gemeinsam um ein anderes älteres Paar kümmern, dem es körperlich, geistig oder auch wirtschaftlich weniger gut als einem selbst geht. Oder man hilft einer neu ins Land gekommenen Familie, sich sprachlich und kulturell bei uns zurecht zu finden oder mit dem Behördendschungel klar zu kommen. Was man dabei gibt, gewinnt man als Selbstwert zurück. Und: Soziale Beziehungen *sind eine Art Mehrzweckwaffe unseres Alterns ... (Sie) sind wichtig für den Erhalt der geistigen Leistungsfähigkeit. Sie sind gewissermaßen ein natürliches Trainingsfeld.* (Wahl, 2017, S. 112).

Use it or lose it – auf diese schlichte Formel kann die Alternative, vor der manche(r) steht, gebracht werden. Das gilt vom Treppensteigen bis zum Tanzen und für alle körperlichen und geistigen Fähigkeiten, über die man (noch) verfügt.

Nun haben sicher manche in unserer Altersklasse mehr als Knochenweh oder »Rücken«, von den ganz heftigen Belastungen zu schweigen. Stock, Krücke, Rolli werden dann nahezu Teile des körperlichen Bewegungsapparats. Zumindest die Krücke hat es ja bereits in die Kunst geschafft. Es wird so um 1914 gewesen sein, als das Kind Salvador Dali sie entdeckte: *Der ... Gegenstand, der mir furchtbar persönlich vorkam und alles andere in den Schatten stellte, war eine Krücke! ... Die herrliche Krücke! Schon erschien sie mir als das Objekt höchster Autorität und Würde ... Dieser Gegenstand vermittelte mir eine Selbstsicherheit, ja Arroganz, deren ich bis dahin nie fähig gewesen war.* (Dalí, 1984, S. 118)

So in seiner Autobiografie *Das geheime Leben des Salvador Dali*, die er als 37jähriger schrieb. Die Krücke stützt dann in seinen surrealistischen Bildern Gesichter, Körper und die unterschiedlichsten Objekte (Subjekte?). Sie ist bei Dali Symbol für Unbewusstes, Mythologisches, wie das auch langbeinige Elefanten und schmelzende Uhren in seinen Erzeugnissen sind. Bis in die älteren Lebensjahre behauptete sich die Krücke in seinem Werk. Nur am Rande: Klingt Krücke nicht selbstbewusster, aktiver, lebensbejahender im Vergleich zu Gehhilfe?

Kurt Tucholsky hat 1930 in seinem Gedicht *Stationen* die Lebensphasen eines Mannes durchdekliniert. Vom Suchen nach einer Frau »zum Anfassen«, hin zum Finden und wachsenden Miteinander, über Zweifel am Zusammensein in späteren Jahren, bis zur Zweisamkeit im Alter. Die letzte Strophe:

Und dann bist du alt. Und es ist soweit,
daß ihr an der Verdauung leidet,
dann sitzt ihr auf einem Bänkchen zu zweit,
als Philemon und Baucis verkleidet.
Sie sagt nichts. Du sagst nichts, denn ihr wißt,
wie es im menschlichen Leben ist ...
Dein Herz, das viele Frauen besang,
dein Herz sagt: »Na, Alte ...?« Dein Herz sagt: Dank.

Bei allem Dank: Recht melancholisch, oder? Im Vergleich dazu ist dem antiken und greisen Philemon-und-Baucis-Paar sogar über den Tod hinaus noch Zukunft gewährt. Jupiter – in Ovids *Metamorphosen* besungen – erfüllte beiden den Wunsch nach einem gemeinsamen Hinscheiden (*... weil wir in Eintracht immer gelebet ...*), verwandelte sie dabei aber in zwei nachbarlich grünende Bäume. Und dann:

...sah Baucis im Laub den Philemon
sah der alte Philemon im Laub aufgrünen die Baucis.

Von der Mythologie zum schnöden Mammon, Schotter, Kies, zur Knete und Penunze also. Im Jahr 1961 machte Ruth Münster mit ihrem Buch *Geld in Nietenhosen. Jugendliche als Verbraucher* Furore. Greifen wir den Teenagern von damals in ihre heutigen Seniorentaschen oder besser, blicken wir auf ihre Konten.

2017 verfügten die 65- bis 74-Jährigen im Durchschnitt über ein Nettovermögen – einschließlich Immobilienbesitz – von 170.000 Euro. Bei den noch älteren Jahrgängen geht es zwar auf 143.000 zurück, liegt aber in der Altersspanne von 45 bis 64 Jahre mit 132.000

noch mehr darunter. Also: Vor allem Herbst-, aber auch Winterpaare verfügen in der Regel über ein größeres Vermögen als Sommerpaare. (Quelle: Datenreport 2021, wie für die folgenden Fakten).

Um in Deutschland als arm zu gelten, darf eine Einzelperson nicht mehr als 13.627 Euro im Jahr an Netto-Einkommen haben (Stand 2018). Von der Gesamtbevölkerung sind das 16 Prozent. Ist man mindestens 75 Jahre alt und lebt mit einem Partner/einer Partnerin zusammen: Nur 8,7 Prozent. Für die von Altersarmut betroffenen ist das sicher äußerst traurig – aber mehr als neun von zehn älteren Paaren gehören nicht zu den als arm geltenden Menschen.

Zugegeben, ein Zahlensalat. Wir haben ihn angerichtet, um zu zeigen: Ältere Menschen sind in ihrer großen Mehrheit finanziell ausreichend, wenn nicht gut oder sogar sehr gut ausgestattet. Und das gilt besonders dann, wenn man im Alter zu zweit zusammenlebt. Das ist übrigens nach der 80-Jahreschwelle noch bei gut der Hälfte der Fall, und darunter, bei den 65- bis 79-Jährigen, sind es mehr als 70 Prozent.

Und warum ist Geld gut für die Liebe im Herbst und danach (und davor vermutlich auch)? Es liegt auf der Hand: Wirtschaftliche Sorgen drücken die meisten reiferen Paare nicht. Und in der Regel ermöglichen finanzielle Spielräume unterschiedliche Aktivitäten, anspruchsvollere Hobbys, Reisen und manches andere, was ohne Geld nur schwer zu bekommen ist.

Wenn man dann seinen Enkeln, vielleicht auch noch den Kindern den einen oder anderen Euro rüberreicht, tut das nicht nur denen gut, sondern auch dem eigenen Selbstbewusstsein. Ältere Paare – die ja im Fokus unserer Tour d'Horizon stehen – tragen zudem ganz überwiegend qua Finanzkraft und als Konsumenten beträchtlich zum Wirtschaftsleben bei. Auch das sollte den Blick auf die eigene Bedeutung stärken. Am Rande dazu: Im ersten Quartal 2019 tätigten 48,3 Prozent der ab 65jährigen Online-Käufe – recht viele sind also beim Kaufen auch digital unterwegs. Angesichts der gehabten Corona-Einengungen werden das inzwischen sicher noch mehr geworden sein.

Nun heißt es nicht selten: Die Alten belasten ja so sehr das Gesundheitssystem. Das ist sicher richtig, denn Erkrankungen häufen sich mit den Jahren. Jedoch: Jahrzehnte lang zahlten sie fleißig ihre Beiträge und sorgten als Jüngere wie Ältere mit dafür, dass das System funktionierte. Und: Die meisten von ihnen leisten weiterhin ihre Abgaben. Also – kein An-die-Brust-schlagen.

Zahlen lügen nicht? Aber hallo! Churchill vertraute bekanntlich – eigenen Worten nach – nur Statistiken, die er selbst gefälscht hatte. Den bisherigen und auch den folgenden Ziffern hätte aber auch er vertrauen können.

Das statistische Bundesamt weist aus: Ende 2020 lebten in Deutschland 24,1 Millionen Menschen, die mindestens 60 Jahre alt waren. Das ist nahezu ein Drittel der Gesamtbevölkerung. Prognose für das Jahr 2030: 27,8 Millionen und dann damit 34 Prozent.

Also: Wir sind bereits sehr viele und werden immer mehr. Das gilt auch, wenn die Altersgruppe 75plus ins Auge gefasst wird: 2020 9,4 und 2030 voraussichtlich 10,2 Millionen.

Nun war hier stets von kalendarischen Altersgruppen die Rede, die einschlägigen Statistiken sind eben darauf ausgerichtet. In der psychologischen Altersforschung wird zwar ebenfalls danach differenziert. Jedoch: Es zeigt sich seit geraumer Zeit, dass subjektive Alterseinordnungen (*Wie alt fühlen Sie sich?*) bei messbaren Fakten (wie z. B. dem Gesundheitsstatus) und beim emotionalen Erleben (wie der Lebenszufriedenheit) stärker als das kalendarische Alter durchschlagen. Die meisten Älteren fühlen sich jünger, als sie tatsächlich sind.

Auch das wird im Verlauf unserer Gedanken, Erkenntnisse und Anregungen zur Liebe im Herbst und danach sichtbar werden. Vor allem aber wird sich zeigen: Es ist großartig, in reiferen Jahren zusammen zu leben, und es lohnt sich, daran und an sich selbst zu arbeiten.

2

Liebe ist schön, macht aber viel Arbeit

Es war der Münchener Tragikomiker Karl Valentin, der diese Sentenz mit Blick auf die Kunst prägte. Auch zu lieben sollte eine Kunst sein und ist nur bedingt aus dem Ärmel zu schütteln.

Im Paradiesgarten des ersten Kennenlernens machen allenfalls erhöhter Puls und sprudelnde Hormone zu schaffen. Die Arbeit beginnt, wenn die Liebesblumen gepflückt sind, und der Acker des Alltags zu bestellen ist. Da kann dann schon einmal das Kreuz schmerzen und die Frage aufkommen, warum das alles? Bleiben wir im Bild: Jeder Acker ermüdet mit den Jahren, muss gepflegt und gedüngt werden, und das macht dann einem älteren oder gar alten Bauernpaar besondere Mühe.

It takes two to tango bringt zeitgemäßer auf den Punkt, worum es bei einer Partnerschaft geht: Ist der gemeinsame Rhythmus gestört, kommt man zwar nicht sogleich ins Straucheln, die Harmonie könnte aber besser sein. Wie bei jeder Arbeit, die anzupacken ist, empfiehlt sich dann auch bei der an der Paarbeziehung als Erstes, den Ausgangsstatus zu bestimmen: Wie stehen wir zueinander? Grob sortiert kann man zwischen *fünf Möglichkeiten* unterscheiden:

Die Ideale: Lebendige Harmonie. Man lebt glücklich und zufrieden miteinander, nimmt wechselseitig Rücksicht und weiß im Alltag wie an Feiertagen, viel Schönes gemeinsam zu tun und zu erleben. Wenn Sie sich beide übereinstimmend so sehen, können Sie dieses Buch eigentlich zuklappen (obwohl Ihnen dann doch einiges entgeht).

Die etwas Ermüdete: Das gemeinsame Leben verläuft in freundlicher Routine. Man stört sich kaum aneinander, Gespräche verlaufen etwas lahm. Man sieht zwar gemeinsam fern und unternimmt auch das eine oder andere miteinander. Jedoch: Es gibt kaum ein »Prickeln« mehr.

Die Angespannte: Man nervt sich ziemlich häufig gegenseitig und gerät auch schon mal bei Kleinigkeiten aneinander. Bei Gesprächen fährt man manchmal aus der Haut. Aussprachen helfen nicht viel, und gemeinsame Aktivitäten bringen kaum Entspannung.

Verbleiben noch zwei weitere Möglichkeiten für den Paarstatus, sie sind Steigerungen der beiden vorgenannten: *nahezu komplette Gleichgültigkeit* bei der einen, *ständiges Aufeinanderprallen* bei der anderen. Das sind dann Fälle für die intensive Paartherapie, die kaum durch Sachbuchlesen geheilt werden können.

Wohlgemerkt: Bei dieser Fünfer-Gliederung handelt es sich um eine Grobsortierung. In der Realität gibt es die unterschiedlichsten Übergänge, Ausprägungen und Varianten. So kann bei dem einen Paar Harmonie der kulturellen Interessen bestehen, aber bei Fragen der Haushaltsführung liegt man quer zueinander. Ein anderes lebt im Alltag routinemäßig nebeneinander her, gerät aber in Streit, wenn es um die Art einer Ferienreise geht. Ein drittes liegt ständig im Clinch miteinander, hält aber zusammen in einer plötzlich auftauchenden schwierigen Lebenssituation. Bei jeder Paarbeziehung geht es deshalb darum, ihren individuellen Zuschnitt, ihre jeweiligen Stärken und Schwächen zu erkennen.

Das gilt natürlich für die Paartherapie, mit deren Hilfe man wieder zusammenfinden möchte oder von der man einen Schub für eine lebendigere Beziehung erhofft. Das gilt aber auch für das Paar außerhalb jeder Therapie, welches aus eigener Kraft mehr an Gemeinsamkeit erreichen will. Zu Beginn kostet das bei manchen eine gewisse Überwindung, von einer vielleicht nur vagen Absicht zu einem Entschluss und dann zum Handeln zu kommen. Der Sprung über den eigenen Schatten führt jedoch ins Helle – er zahlt sich aus, im Emotionalen wie im Faktischen.

Was also tun? Ganz einfach – miteinander darüber sprechen. Ganz so einfach ist das aber leider in vielen Fällen nicht. Man hat dann nur die eigenen Vorstellungen und Wünsche im Kopf und auf der Zunge, hört nicht genau hin, schweift ab, macht Vorwürfe. Das ist nur eine Auswahl dafür, was zu Missverständnissen und Missklängen führen kann, einen offenen und fruchtbaren Austausch erschwert oder ganz verhindert. In *Partnerschaftsprobleme. Ein Handbuch für Paare* von Schindler, Hahlweg und Revenstorf (2007) ist detailliert dargelegt, wie Kommunikation miteinander gelingen kann. Für deren Beginn *drei Anregungen*:

Erstens: Verständigen Sie sich darüber, dass Sie ihre Beziehung zueinander mit gutem Willen verbessern/lebendiger machen/ intensivieren wollen.

Zweitens: Notieren Sie – jeder für sich im stillen Kämmerlein – auf einem Blatt Papier, was Sie am anderen und am Miteinander schätzen/lieben und auf einem zweiten Blatt, was Sie am anderen und am Miteinander stört oder nervt. Denken Sie dabei an die Gegenwart und packen nicht »olle Kamellen« aus. Bleiben Sie möglichst konkret, notieren also konkrete Verhaltensweisen und Situationen.

Drittens: Setzen Sie beide sich mit ihren Notizen zusammen, und gehen die Schritt für Schritt und im Wechselspiel durch. Sprechen Sie darüber. Das sollte bei den kritischen Aspekten möglichst stressfrei bleiben, darf bei den positiven aber durchaus emotional werden. Das Wichtigste: Einander zuhören und verstehen wollen. Und: Suchen Sie gemeinsam nach Lösungsmöglichkeiten für das, was Sie als konfliktreich erkannt haben.

Wir hoffen, dass Sie sich nach diesem Gespräch (endlich wieder einmal?) herzlich in den Armen liegen und dieses Gedicht des türkischen Dichters Nazim Hikmet[1] mögen:

ICH LIEBE DICH

Ich liebe dich, wie man Brot in Salz taucht und isst,
wie ich den Mund an den Wasserhahn presse, um zu trinken,
wenn ich nachts im Fieber erwache,
wie man ein schweres Paket mit unbekanntem Absender
hastig, freudig und argwöhnisch öffnet,
so liebe ich dich, als flöge ich zum ersten Mal im Flugzeug
über das Meer,
so liebe ich dich, wie das sanft in der Dunkelheit
versinkende Istanbul,
das mein Innerstes rührt, so liebe ich dich,
als wollte ich sagen: »Gottlob, wir leben!« So liebe ich dich.

1 Nazim Hikmet: Ich liebe dich. Übersetzt aus dem Türkischen von Helga Dagyeli-Bohne und Yildrim Dagyeli. Erschienen in Das schönste Meer ist das nicht befahrene. © 2014, Dagyeli Verlag e.G., Berlin. Abdruck mit freundlicher Genehmigung durch den Dagyeli Verlag.

Liebe hin, Liebe her, irgendwann mag sie ja einmal vom Himmel gefallen sein. Was aber ist denn konkret zu tun, um sie wieder anzufachen, zu gestalten, zu entwickeln? Wieder einmal – das Wichtigste: Bleiben Sie miteinander im Gespräch, offen, intensiv, kontinuierlich. Vereinbaren Sie doch einen *Jour fixe* in der Woche, an dem Sie über sich selbst und ihre Beziehung miteinander reden. Was war gut in den vergangenen Tagen, was störte? Was hatte man sich gewünscht, ging aber nicht in Erfüllung? Welche Verhaltensweisen, Reaktionen oder Äußerungen der/des anderen hatte man nicht verstanden? Alles, was einen bewegt oder gestört hatte, sollte auf den Tisch kommen.

Auch unbequeme Fragen müssen gestellt und aufrichtige Antworten gegeben werden. Mit Aufgeschlossenheit zuhören und auf das Mitgeteilte reagieren – das ist die Richtlinie. Dazu gehört auch, nichts zu unterstellen, nicht aggressiv werden, positiv aufeinander zugehen. Freuen Sie sich über Gelungenes. Geraten Sie nicht in eine Vorwurfsspirale, sondern klären Sie Störendes durch Fragen nach dem Warum.

Die Ohren auf Durchzug stellen – das kann in einer langweiligen Gesprächsrunde oder bei einem öden Vortrag durchaus eine geistige Überlebenstechnik sein. In der Partnerschaft ist ein solches HierRein-DaRaus als Dauerhaltung dagegen Gift. Sie kennen das: Es wird einem etwas Wichtiges gesagt – mit seinen Gedanken ist man aber woanders und bekommt nicht mit, worum es geht. Oder: Bevor der oder die andere ausgeredet hat, arbeitet man innerlich schon an seiner Antwort und fällt dann mit ihr ins Wort. Gängig ist auch, sich aus dem Gehörten das rauszupicken, was einem in den Kram passt und Irritierendes auszublenden.

Machen Sie doch einmal ein Experiment miteinander. Wählen Sie gemeinsam ein Gesprächsthema, und zwar eins, das nicht konfliktträchtig ist – zum Beispiel einen Film, den man gemeinsam gesehen hat, eine Wanderung, ein Essen beim Italiener. Einer von Ihnen beginnt und äußert seine Ansichten, Gefühle und Erlebnisweisen dazu. Der andere hört genau zu und antwortet erst, nachdem er das Gehörte mit eigenen Worten inhaltlich wiederholt hat und ihm bestätigt wurde, richtig verstanden zu haben. Auf diese Weise geht das Zweiergespräch im Wechsel Schritt für Schritt weiter bis man meint, das Thema ausreichend behandelt zu haben.

Nehmen Sie diesen *kontrollierten Dialog* spielerisch. Sie werden sich wundern, wie viel Konzentration es braucht, genau zuzuhören und das jeweils Gesagte komplett und korrekt zu erfassen. Sie werden aber auch erleben, wie befriedigend es ist, richtig zu hören und gehört zu werden.

Ist ein offener und regelmäßiger Austausch für jedes Paar wichtig, so sind für die Vielzahl der anderen möglichen Handlungsfelder *paarindividuelle Absprachen* zu treffen und einzuhalten. Einige Beispiele:

Zu wenig gemeinsame Zeit: Zeitplan pro Woche für Zweisamkeit erstellen.

Zu wenig Häuslichkeit: Vereinbaren, was man wann zu Hause miteinander macht/gestaltet – Kochen, Spielen, Fernsehen ...

Zu viel Routine: Abwechselnd sorgt jeder von beiden für Überraschungen.

Zu wenig Sozialkontakte: Was könnte man wann mit Freunden/Bekannten unternehmen?

Differenzen beim Finanziellen: Absprachen, wofür, wie viel, wann aufgewendet wird.

Wenn solche Übereinkünfte von einem der beiden einmal nicht eingehalten werden, dann nicht gleich sauer und mit Vorwürfen reagieren. Es ist gemeinsam das Warum zu klären und die betreffende Absprache eventuell zu justieren. Auch kleine Erfolge sollten Sie als erste Schritte in die richtige Richtung würdigen.

Sind solche und andere Übereinkünfte je nach Paarsituation zu treffen, so wird *Streitmanagement* wieder eine eher übergreifende Aufgabe sein. Bei vielen Paaren sind immer Situationen möglich, in denen sich einer von beiden missverstanden oder zu Unrecht angegriffen fühlt. Man versucht sich dann zu rechtfertigen, zu verteidigen oder den Spieß umzudrehen. Haben sich dann beide heiß gelaufen, sind sie mittendrin in der Streitspirale.

Angesichts der anhaltenden Coronalage wird Streitmanagement sicher von besonderer Bedeutung geworden sein. Eine Studie zur häuslichen Gewalt (Steinert & Ebert, 2020) wies für 2020 nach: 7,5 Prozent der Frauen klagten über körperliche Auseinandersetzungen in der Partnerschaft, wenn man sich in Quarantäne befand. Und 8,4 Prozent erlitten Gewalt, wenn finanzielle Sorgen belasteten. Streitereien unterhalb dieser massiven Aggressionsschwelle werden mit Sicherheit noch wesentlich häufiger stattgefunden haben. Auch manches Herbstpaar wird davon nicht verschont geblieben sein. Was also tun?

Reden ist Silber, Schweigen ist Gold – so altbacken sich das auch anhört, so hilfreich kann dieses Motto sein, wenn es einmal so richtig kracht. Fragen Sie sich selbst: Kam es schon vor, dass Sie in der Hitze des Gefechts spontan oder vielleicht sogar bewusst etwas von sich gaben, was die Auseinandersetzung weiter anheizte? Vermutlich mussten aber auch Sie gelegentlich erfahren, wie bitter es ist, mit Worten verletzt zu werden. Es wäre schön, wenn Reden dann wenigsten Silber bliebe. Leider wird es aber oftmals zu Dynamit und sprengt am Ende womöglich die Gemeinsamkeit in die Luft. Bei Schiller mahnt Wallenstein: *Schnell ist die Jugend fertig mit dem Wort, das schwer sich handhabt, wie des Messers Schneide.* Mit Worten richtig umzugehen birgt aber für jedes Alter seine Tücken. Zu schweigen ist zuweilen die bessere Wahl. Allerdings: Die eigene Verletztheit darf nicht auf Dauer runtergeschluckt, sondern muss in einer beruhigten Situation ans Licht gebracht und aufgearbeitet werden.

Ein weiterer Spruch: Wenn Blicke töten könnten. Dann wäre unser Globus vermutlich ziemlich rasch entvölkert. Töten können

Blicke nun zwar nicht, verletzen und wehtun aber durchaus. Wie oft fühlten Sie sich schon zweifelnd, spöttisch oder ablehnend angeblickt? Und versendeten Sie selbst nicht das eine oder andere Mal einen wütenden, herabsetzenden oder einschüchternden Blick? So etwas geschieht in der Regel als eine Art Selbstläufer, ohne irgendwelches Nachdenken. Und wenn ein solcher Blick uns trifft, verstehen wir blitzartig seine Bedeutung. In dem Rilke-Gedicht *Der Abenteurer* heißt es: ... (er) *unterließ nicht, die Blicke alle zu behalten, die ihn zärtlich oder zweifelnd trafen, und auch die in Spiegel fielen, galten.* Das veranschaulicht, wie sensibel unser Blickradar arbeitet.

Kehren wir den Satz von den tötenden Blicken doch einmal um: Wenn Blicke heilen könnten. Blicke allein können sicher nicht heilen. Für den Heilungsprozess einer kränkelnden Partnerschaft haben sie aber ihre Bedeutung. Schauen Sie deshalb lieber erst in sich selbst hinein, bevor Sie ihr Gespons (gut gegendert, oder?) mit Blicken in die Enge treiben. Ein fragender, bittender oder verzeihender Blick kann weiterhelfen. Vielleicht wird er dann mit einem überraschten, verstehenden oder gar zärtlichen Blick belohnt.

Tauschten Sie nicht zu Beginn ihrer Gemeinsamkeit zärtliche Blicke? Wie schön, wenn man sie in der Gegenwart und vor allem mit demselben Menschen immer noch erlebt. Im Filmklassiker Casablanca sagt Humphrey Bogart zu Ingrid Bergmann: *Ich seh' dir in die Augen, Kleines.* Denken Sie daran: Ein Blick sagt mehr als tausend Worte. Im Original heißt es übrigens: *Here's looking at you, kid.* – ein Trinkspruch, der in dieser Situation an der Bar wohl eher meint: *Ich trinke auf dein Wohl, Kleines.*

Gespons? Ein recht altväterliches Wort. Lateinisch sponsa/sponsus meinte Verlobte(r) und entwickelte sich vor rund tausend Jahren zum Gespons – männlichen wie weiblichen Ehepartner bezeichnend. Ob das wohl jeder weiß, der schon mal irgendetwas oder irgendwen gesponsert hat?

Zurück zum Streitrepertoire. Es wird ergänzt durch drohende Gebärden, herumfuchteln mit den Armen, mit der Faust auf den

Tisch schlagen, Tränen. Übrigens herumfuchteln – zuweilen weiß unsere Sprache besser als wir selbst, worum es geht. Fuchtel hieß früher ein breiter Degen, mit dessen flacher Klinge ein aufmüpfiger Soldat geprügelt und diszipliniert wurde. Will man seinen Lebensmenschen disziplinieren? Als zivilisierte Zeitgenossen vermeiden wir im Streit zwar in der Regel aggressiven Körperkontakt, hoffentlich auch gerade in der Partnerschaft. Handgreiflichkeiten sollen aber leider schon in den besten Ehen vorgekommen sein. Aus einer solchen Situation an das rettende Ufer der Gemeinsamkeit zurückzufinden, ist natürlich mehr als mühsam, wenn es dann überhaupt noch gelingt.

Tränen. Die Deutsche Ophthalmologische Gesellschaft – die für Augenheilkunde also – fand heraus: Frauen weinen 30- bis 64-mal im Jahr, die Ers dagegen nur 6- bis 17-mal. Und: *Frauen weinen am ehesten, wenn sie sich unzulänglich fühlen oder vor schwer lösbaren Konflikten stehen. ... Männer hingegen weinen häufig aus Mitgefühl oder wenn die eigene Beziehung gescheitert ist.* (Der Ophthalmologe, 2009, 106, S. 593–602).

Warum reichen wir uns eigentlich beim Begrüßen die Hand? Weshalb klopfen wir anerkennend auf die Schulter, zupfen mahnend am Ohr, drücken zustimmend den Arm und geben uns begeistert Five? Auf diese und manch andere Art gewinnen wir *freundlichen Körperkontakt* und zeigen ohne Worte, dass wir dem anderen nahe sind. Wir »begreifen« Sie oder Ihn wortwörtlich, und es wird umstandslos begriffen, was gemeint ist.

Kleine, friedenstiftende Gesten, eine – vielleicht schüchterne – Berührung können im Streit zur Entspannung beitragen. Es geht dabei nicht um Schauspielerei, aber durchaus um ein bewusstes Handeln angesichts einer heiklen Auseinandersetzung. Sparen Sie aber auch im alltäglichen Miteinander nicht an Streicheleinheiten: Man begreift sich, und man versteht sich.

Sprechen und zuhören, Blicke tauschen, sich berühren – alle Sinne sind beteiligt, wenn es um zwei Menschen geht. Runden wir das Kompendium ab: Manche Menschen kann man bereits beim ersten Kennenlernen gut riechen, andere muss man erst eine Weile beschnuppern, bevor man sie mag. Es ist sicher nicht anrüchig, wenn wir von diesen Nasen-Metaphern zu Gedanken über unser profanes Riechorgan wechseln. Liebe geht nicht nur durch den Magen, sie geht auch durch die Nase.

Nehmen wir den Spruch *Jemanden gut riechen können* doch einmal wörtlich und kehren ihn dann um. Dass man mit einem Menschen, der unangenehme Gerüche verströmt, auf Dauer gern zusammen ist, kann man sich nur schwer vorstellen. Es kostet zumindest einiges an Überwindung. Ein ganz einfacher Rat: Gehen Sie offen und unverkrampft miteinander um, wenn am Partner/an der Partnerin geruchlich etwas stört. Gerade in fortgeschrittenen Jahren kann es als ein bislang unvertrautes Problem auftauchen. Zumeist ist es ihr oder ihm gar nicht bewusst. Dass bei einem entsprechenden Tipp mit einiger Delikatesse zu verfahren ist, liegt auf der Hand.

Was uns über den Geruchssinn erreicht, gelangt gewissermaßen ungefiltert und auf direktem Wege in unser tiefstes Empfinden. Manches davon verankert sich dort auf Dauer. So gut wie jeder hat Gerüche gespeichert, die er in der Kindheit, der Jugend oder im frühen Erwachsenenalter wahrgenommen hatte. *Das beste Gedächtnis hat bekanntlich die Nase* schrieb Kurt Tucholsky. Begegnen wir einem solchen Geruch in der Gegenwart unvermutet wieder, sind wir zunächst irritiert, riechen dann genauer hin, und die ursprüngliche Situation wird wieder lebendig. Man hat sie dann nicht nur in der Nase, sondern auch innerlich vor Augen.

Spielen Sie doch einmal bei ihrem Miteinander mit Düften. Benutzen Sie zum Beispiel ein Parfüm oder Rasierwasser wieder, das Sie in der Zeit des Kennenlernens verwendeten – manch überraschende Reaktion ist möglich. Auch der Wechsel von einem jahrelang vertrauten Duft zu einem aufregenden neuen kann einiges an Wirkung bringen. Wenn Sie oder Er dann die Nase rümpft oder sich gar verduften will – reden Sie darüber. Ein Gesprächsthema haben Sie dann jedenfalls.

Zurück jedoch zum *Streitmanagement*. Wie ist mit möglichem Streit umzugehen? *Fünf Hinweise*:

Erstens: Wägen Sie ab, ob der Konfliktanlass für Ihre Partnerschaft so gewichtig ist, dass man sich damit ernsthaft auseinandersetzen muss.

Zweitens: Überlegen Sie, ob es der richtige Zeitpunkt ist, um das Thema zu klären. Richtig meint hier: Die Situation sollte nicht bereits vorher aufgeheizt sein, es muss genügend Zeit zur Verfügung stehen und Publikum ist überhaupt nicht gefragt.

Drittens: Erklären Sie dem/der Partner/in genau, was Sie stört und warum. Schildern Sie die Gefühle, die bei Ihnen ausgelöst wurden. Geben Sie aber auch ihm oder ihr die Chance, die eigenen Emotionen klar zu machen.

Viertens: Bitten Sie um eine zeitnahe Vertagung der Erörterung, wenn ein Aufschaukeln beginnt.

Fünftens: Klärung des Problems und der beiderseitigen Gefühlslagen, wie möglichst auch Versöhnung sollte das oberste Ziel sein.

Diese Hinweise gelten, wenn Sie das Störthema zur Sprache bringen wollen. Beginnt Ihr/e Partner/in in hitziger Weise damit, versuchen Sie ein Cool down, so schwierig das auch sein mag. Und: Sie beide erwarten doch im Grunde ein Signal für Versöhnung. Aber jeder ist oft so blockiert, dass keiner den ersten Schritt macht. Machen Sie ihn – er ist ein Zeichen von Stärke. Manche sind in älteren Jahren mehr dazu bereit als in früheren – eine gewisse Altersmilde hat sich dann eingestellt. Im Gegensatz dazu fuchteln aber andere gerade dann mit Rechthaberei herum. Jürg Will, ein weiterer Paarexperte, in: *Es kommt eventuell zu endlosen Zänkereien, Stellungskrieg und gegenseitigem Zufügen von kleinen Bösartigkeiten ... Dieser Kleinkrieg kann zum Lebensinhalt der Partner werden.*

(Will, 2010, S. 45). Die Wege des Herrn sind doch recht unerforschlich.

Oder doch erforschlich? Denn die ewigen Nörgler sind wohl eher eine Minderheit: *Ältere Paare ... vermeiden möglichst Konflikte und gehen bei Partnerschaftsproblemen konstruktiver und stärker aufeinander zu. ... Das alles trägt ... zum Erhalt positiver Emotionen und zur Vermeidung negativer Emotionen bei.* (Wahl, 2017, S. 110).

Um ein verbreitetes Missverständnis zu klären: Beim Wort *Kommunikation* wird oft nur an sprachlichen Austausch gedacht. Doch auch Blicke, Gesten, die Kleidung, schlicht alles, was anderen an uns sichtbar und hörbar ist, gehört dazu. Wir kommunizieren immer mit unserem sozialen Umfeld – auch wenn wir schweigen.

By the way: Vom Management von Sex und Erotik war bislang noch keine Rede. Darum werden wir uns noch zu kümmern haben. Und wo bleibt überhaupt die Liebe? Genau mit ihr und an ihr arbeiten Sie ja, wenn Sie unsere Anregungen aufgreifen. *All you need is love* sangen die Beatles. Na klar, sicher das. Aber hinter *Love is a holiday* möchten wir doch ein Fragezeichen setzen. Vergessen Sie nicht: Liebe ist schön, macht aber viel Arbeit. Seien Sie fleißig!

3

Fordern, kein Überfordern

Von nix kütt nix, sagt der Kölner, und der Altersforscher kann nur bestätigen, dass in der Regel nur mit einiger Anstrengung den Alterungsprozessen zu trotzen ist, um sich jünger zu fühlen, als es der Personalausweis kalendarisch ausweist. Es zahlt sich aus, wenn man sich selbst und den/die Partner/in kontinuierlich fordert: Eine Meta-Analyse von Wahl zeigt, *dass Menschen, die sich jünger fühlen bzw. ihr eigenes Älterwerden positiver bewerten, auch Jahre später noch eine bessere Gesundheit aufweisen. Zudem zeigt sich, dass sie auch länger leben - und zwar nicht nur ein paar Monate, sondern ein paar Jahre!* (Wahl, 2017, S. 63).

Ist es nicht geradezu brutal, dass Nichtstun sogar die Lebenszeit verkürzt?

Das Sein bestimmt das Bewusstsein. Wer war's? Richtig, Karl Marx – 1859. Die heutigen Alt-68er – jetzt Herbstler oder gar Frühwintler – haben das locker auf der Pfanne. Es lohnt sich aber der genaue Blick. Der Vollbart schrieb nämlich im Vorwort seiner Studie *Zur Kritik der politischen Ökonomie: Es ist nicht das Bewusstsein der Menschen, das ihr Sein, sondern umgekehrt ihr gesellschaftliches Sein, das ihr Bewusstsein bestimmt.* Ihr *gesellschaftliches* Sein – wie steht es denn mit ihrem *persönlichen* Sein, mit dem Feeling von sich selbst und dem, wie man als Paar zueinandersteht?

Das ist offenbar zu einem erheblichen Teil durch das eigene Bewusstsein gestaltungsfähig. W.-H. Wahl: *... manche würden wahrscheinlich sagen, dass es verrückt ist zu behaupten, wir seien unseres Alterns Schmied. Ich behaupte es trotzdem.* (Wahl, 2017, S. 38). Oder mit Schiller: *Es ist der Geist, der sich den Körper baut.* (Wallensteins Tod, 3. Akt/13. Auftritt).

> **Bewusstsein:** *... Inbegriff von Prozessen der subjektiven Erfahrung des eigenen Erlebens, der Erlebnisweise in Wahrnehmungs-, Denk- und Handlungsepisoden ...* (Fröhlich, 2008, S. 105f)

Wahl führt aus, wie wichtig es ist, sich von negativen Vorstellungsbildern vom Alter zu lösen, weil sie sich auf Selbstvertrauen, Motivation und das eigene Leistungspotenzial mindernd auswirken: *Die ... Studien zeigen, dass die bloße Konfrontation mit negativen ... Altersbildern Personen situativ ›altern‹ lässt: Sie schneiden bei Gedächtnisaufgaben schlechter ab, weisen eine erhöhte ... Stressreaktion auf, gehen langsamer und zittern beim Schreiben stärker mit den Händen ...* (Wahl, 2017, S. 62).

Die negativen *Altersstereotype* – klapprig, unselbstständig, einsam und so fort – stehen inzwischen in klarem Gegensatz zur überwiegenden Alterswirklichkeit. So wird zum Beispiel durch die Präsenz des Themas Alzheimer in den Medien der Eindruck vermittelt, es sei ein flächendeckendes Phänomen. Von den 75- bis 79-Jährigen leiden aber lediglich sechs Prozent darunter und von den 80- bis 84-Jährigen 13,3 Prozent. Erst in den noch älteren Jahrgängen steigt der Anteil auf vergleichsweise hohe Werte an. Aber: Auch zwei Drittel der Altersgruppe 90plus sind frei davon (ausgewiesen 2014 bei Korte).

Stereotyp: *... Bezeichnung für relativ überdauernde und starre, festgelegte Sichtweisen bzw. ihnen zugrunde liegende Überzeugungen in Bezug auf Klassen von Individuen. ... Man kann sie auch als komplexe Formen des Vorurteils begreifen.* (Fröhlich, 2008, S. 457)

Weitere Zahlen: Nur 9 Prozent der 65- bis 79-Jährigen benutzen eine Gehhilfe. Bei der Gruppe 80plus sind das dann zwar 34 Prozent, aber zwei Drittel davon gehen ohne durchs Leben. Einsam? Von den ab 80-Jährigen geben 83 Prozent an, mehr als nur flüchtige Beziehungen zu ihren Nachbarn zu haben, von denen zu Verwandten und Freunden zu schweigen (Datenreport 2021).

Hier soll keineswegs die Problematik von Alterseinsamkeit und von massiven Erkrankungen kleingeschrieben werden. Die große Mehrheit älterer Menschen ist jedoch bis in hohe Jahre hinein in der Lage, mit dem Leben zurecht zu kommen – körperlich, geistig, seelisch und sozial. Also: sich nicht runterziehen lassen von negativen Alterszuschreibungen und sich, wie die/den andere/n fordern, um die eigenen Kapazitäten zu stärken und zu pflegen.

Ursula Lehr schrieb 1972 ihr Standardwerk *Psychologie des Alterns.* Es bot einen detaillierten Überblick über den damaligen Stand der Altersforschung und erschien über Jahrzehnte in immer neuen Auflagen. In der Schlussbetrachtung hoffte sie: *Wenn das Buch zu einer Korrektur bzw. zu einer modifizierten Betrachtung des einseitigen, oft verzerrt gezeichneten Bildes des älteren Menschen in unserer Gesellschaft beiträgt, hat es eine wichtige Aufgabe erfüllt.* (Lehr, 1991, S. 361).

In der Tat – es hat sich in dieser Hinsicht seit 1972 einiges verändert. Allerdings nicht so sehr beim verbreiteten Vorstellungsbild vom taperigen Senior oder der gebrechlichen Seniorin, als vielmehr durch das Hinzukommen eines neuen Stereotyps. Das nämlich von den flotten Alten, die auf Kreuzfahrtschiffen oder in ihrer Finca auf Mallorca das sehnsüchtig erwartete Erbe lustig verjubeln. Aber doch besser so als anders, wenn man denn die Wahl hätte.

Es ist zwar zweifelhaft, ob 1774 ein Festredner in Königsberg Immanuel Kant tatsächlich mit *Ehrwürdiger Greis* angesprochen hat – zu dessen 50sten Geburtstag! Den Kontrast zu unserer Zeit, in der ein Hundertjähriger – zumindest im Roman – noch durchs Fenster steigt, veranschaulicht diese Anrede aber doch sehr schön.

Ursula Lehr arbeitete übrigens nicht nur als Wissenschaftlerin. Von 1988 bis 1991 war sie Bundesministerin für Jugend, Familie, Frauen und Gesundheit und prägte so auch politische Spuren.

Zurück aber zum Reiz und produktiven Schweiß der Herbstler-Anstrengungen, geistig und körperlich fit zu bleiben. Der Bogen sollte nicht überspannt werden. Das gilt zum einen für die eigene Person. So reicht es bei den körperlichen Aktivitäten aus, dreimal, vielleicht viermal in der Woche den Puls eine gute halbe Stunde lang hochzutreiben – der Zugewinn an Fitness bei einem größeren Pensum ist sehr gering, wenn überhaupt vorhanden. Natürlich: Ehrgeizige Seniorensportler – weibliche wie männliche – werden das anders sehen. Gönnen wir ihnen ihren Muskelkater.

Apropos gönnen: Hin und wieder kann es ganz gut sein, einmal alle Fünfe gerade sein zu lassen, die Finger also nicht krumm zu machen. Wir alle sind doch schwache Menschlein und sollten uns auch mal was gönnen – mer muss och jünne künne. Empfehlung: Gönnen Sie sich das dann gemeinsam mit ihrem Lebensmenschen. Der Mitautor des hier Geschriebenen brachte sich selbst zur Besinnung, als er sich zum Beginn seines achten Lebensjahrzehnts auf seinen bislang letzten Marathon vorbereitete:

LÄUFERSORGEN

Wein an Abend, Sex am Morgen
bereiten dir beim Laufen Sorgen.
Doch was du heut' noch kannst besorgen,
das verschiebe nicht auf morgen.

Und es klappte trotzdem. Also: Geht doch! Ansonsten gilt: Überfordern Sie auch ihren Partner/die Partnerin nicht mit Erwartungen, die er/sie nicht erfüllen kann oder will. Womöglich mag Sie Zwölftonmusik oder noch schrägere Laute, und für Ihn ist das leider nur ein Ohrengraus. Dann geht Sie eben ins Konzert und Er eventuell zu den rauen Kerlen (und Kerlinnen) im Fußballstadion, die für sie nur eine grölende Zumutung sind. Gönnt Euch eure individuellen Freiräume!

Auch das Autorenpaar hat gelegentlich unterschiedliche Wünsche und Bedürfnisse:

NÄCHTENSLIEBE

Du forderst von mir Nächstenliebe
obwohl ich lieber nächtens liebe.
Was soll'n des nachts mir all die Nächsten
wenn du mir dann bist nicht am nächsten?

Des nachts bleib mir der Nächste fern
am Tag hab ich ihn eher gern.
Sonst fühl ich Hass und keine Liebe –
komm sei die Freundin meiner Triebe.

Und ist dann erst gestillt der Trieb
hab ich auch meinen Nächsten lieb.
Doch fürcht nun nicht dass ob der Triebe
du bist Erfüllung meiner Liebe.

Einen noch etwas schärferen Blick richtet Ulla Hahn[2] auf ihren Lebensmenschen. Aber auch ihr Blick zielt aufs Eigentliche:

GIBT ES EINE WEIBLICHE ÄSTHETIK

Ich sehe deine Augen
mit den hängenden
Lidern am Kinn
Fettfalten die Stirn
gefurcht deine
dünnen spitzen
Ohren überm fahlen
Haar die
kahle Stelle
am Hinterkopf ich
denke du bist
von allen Männern
der schönste

Gruß aus Kalau: Das kann doch eine Sehfrau nicht erschüttern. Für den Seemann ist das ja bereits seit längerem bekannt.

Marathon – ein ernstes Spiel? Es spricht manches dafür, ihn als Metapher für die eigene langjährige Partnerschaft zu sehen. Jeder von beiden muss an sich selbst arbeiten, damit sie gelingt. Man hilft einander bei der Überwindung von Schwächeperioden und feuert sich gegenseitig an. Und unterwegs wie auf der Zielgeraden wird man nicht nur durch die Ausschüttung von Endorphinen, Glückshormonen also, belohnt.

---

2 Ulla Hahn: Gibt es eine weibliche Ästhetik. Erschienen in Gesammelte Gedichte. © 2013, Deutsche Verlags-Anstalt München. Abdruck mit freundlicher Genehmigung von Penguin Random House.

4

Kontrolle ist gut, Vertrauen ist besser

Die Sentenz *Vertrauen ist gut, Kontrolle ist besser* wird gemeinhin Wladimir Iljitsch Lenin zugeschrieben, dem Altvater der Sowjetunion unseligen Angedenkens. Und deren Bürger – Bürger? – wie jene der einstmals so benannten Ostblockstaaten (inklusive DDR) erlebten und erlitten wahrhaft umfassende Kontrolle, bis hin in die Gedanken und auch die Betten. Kinder wurden auf die Denunziation ihrer Eltern angesetzt, befreundete Paare bespitzelten sich gegenseitig, und auch paarintern gab es – hoffentlich nur bei wenigen – verdecktes Gegeneinander.

Wir westlichen Herbstler betrachteten das meistens und zum Glück von außen. Recht viele im östlichen Landesteil mussten es jedoch von innen sehen und erfahren, wie der Stachel des Misstrauens wuchs. Das alles liegt nun geraume Zeit zurück und wird in unseren Breiten wohl kaum wiederkehren – wir hoffen das jedenfalls.

Nun kehren wir den Leninspruch zwar um, finden Kontrolle in der Paarbeziehung aber durchaus sinnvoll – mit Blick auf die eigene Person, also als *Selbstkontrolle*. Wie verhalte ich mich dem/der anderen gegenüber? Bewahre ich Ruhe in kritischen Situationen? Halte ich getroffene Vereinbarungen ein? Solche Absprachen sollte man im Austausch miteinander im Auge behalten und sich gegenseitig stützen, damit sie wirksam bleiben.

Leider ist bei einem Teil der Paare, die zur Beratungspraxis kommen, das wechselseitige Vertrauen bereits mehr oder weniger erodiert. Besonders heiß wird es, wenn Verdächtigungen Platz greifen. Er oder Sie entwickelt dann nicht selten kriminalistische Talente. Taschen werden durchsucht, verdächtige Düfte erschnuppert, fremde Haare nicht in der Suppe, sondern an der Kleidung entdeckt, Laptops und Smartphones durchkämmt – der Forschungsmöglichkeiten gibt es viele. Sicher: Jüngere und mittelalte Paare sind davon eher als ältere Jahrgänge betroffen, aber auch bei Herbstlern kann so etwas zuweilen ein Problem sein.

Zweierlei ist dann möglich. Das eine: Es wird tatsächlich fremdgegangen, wobei dem/der Fremdgeher/in das Fremde häufig schon recht vertraut geworden ist. Das andere: Die Verdächtigungen sind substanzlos. Was tun? Als Erstes: Lasst die Hände aus den Taschen und vom Digitalen des/der anderen. Das Zweite: Bringt die Befürchtungen zur Sprache. Beides hat für beide Fälle Geltung, ob also Substanz gegeben ist oder nicht. Zu schweigen vergiftet in solchen Fällen die Atmosphäre mehr und mehr, hier zählt es keineswegs als Gold.

Es liegt auf der Hand: Was wir bereits an anderer Stelle zum Streitmanagement ausführten, gilt bei einer solchen Konfliktlage in verschärfter Form. Ob man allerdings gerade dann vermag, diesen Ratschlägen zu folgen, ist sehr fraglich. Die Klagenden fühlen sich zumeist zu tief getroffen und ihr Gegenpart dann ebenfalls, wenn die Verdächtigungen gegenstandslos sind. Sind sie jedoch berechtigt, überschlagen sich die Wogen noch stürmischer. Ohne

Unterstützung von fachlicher Seite wird die Krise zumeist nur schwer zu bewältigen sein. Aber auch hier gilt: Die einen so und andere anders. Was heißt, dass manche das Problem aus eigener Kraft heraus meistern und andere trotz Paartherapie daran scheitern.

Vertrauen – ein Schlüsselbegriff für jede Paarbeziehung und die Grundlage für das Zusammensein auf Dauer. Dabei bringen beide Partner mit ihren jeweiligen Vorerfahrungen eine mehr oder weniger stabile Ausgangsbasis dafür mit. Im *Psychologie-Magazin* dazu: *Es gibt Persönlichkeitseigenschaften, die das Leben leichter machen. Eine wichtige davon ist Vertrauensbereitschaft.* Und: *So hat die Forschung gezeigt, dass die Erfahrungen in der Zeit zwischen dem 6. und 12. Lebensmonat erheblich zur Vertrauensentwicklung beitragen.* (Anna, 2018). Sind diese Erfahrungen – die weder dem Kind noch dem Erwachsenen später bewusst sein werden – negativ, dann ... *trägt (man) als Erwachsener Vertrauensdefizite davon.*

Natürlich wird die eigene Bereitschaft zu vertrauen durch den weiteren Lebensverlauf mitgeprägt. Doch wenn das früh gewonnene *Urvertrauen* – das auch das Selbstvertrauen fördert und zur Überzeugung beiträgt, dass es sich lohnt zu leben – schwach ist, wird es später schwer sein, Vertrauen zu schenken. Beim nicht so seltenen Vorwurf *Du vertraust mir nicht* sollte die Art der möglichen Vorprägungen mit in den Blick genommen und berücksichtigt werden, dass sie auch im Aktuellen eine Rolle spielen können.

Nun leben Herbstpaare zumeist bereits sehr lange zusammen – unsere zwanzig O-Ton-Paare im Durchschnitt gut 45 Jahre. Vertrauen steht so gut wie bei allen im Zentrum, wenn sie das Weshalb ihres mit den Jahren gewachsenen Miteinanders auf den Punkt bringen. In einem der nächsten Kapitel ist das im Detail zu erörtern. Solche Paare werden wohl deshalb auch die Erkenntnisse von Franz Petermann, die er in *Psychologie des Vertrauens* darlegte, weitgehend bestätigen können. Er schreibt: ... *Vertrauensvolle ... sind eher bereit, anderen eine zweite Chance zu geben sowie deren Rechte zu achten.* (Petermann, 2012, S. 54). *Drei Aspekte* sind von besonderer Bedeutung:

Erstens: Gegenseitiges Vertrauen reduziert die Schwierigkeiten des gemeinsamen Lebens und fördert emotionale Stabilität. Man lässt sich nicht so leicht aus der Kurve tragen.

Zweitens: Man kennt und versteht die/den andere/n auch mit deren/dessen jeweiligen Schwächen und im Anderssein und hat gelernt, damit umzugehen.

Drittens: In das Vertrauenskonto wird kontinuierlich »eingezahlt« durch eigenes Fühlen und Verhalten – im Alltag und bei Schwierigkeiten.

Bleiben wir beim Bild vom *Vertrauenskonto*. Wie beim Bankkonto baut sich das Kapital in der Regel langsam auf, schwindet aber rasch und dramatisch bei falschen Entscheidungen. Zu Beginn einer Beziehung gibt man sich gegenseitig einen Vertrauensvorschuss und geht damit ein Risiko ein. Frühlings-, Sommer- und gar nicht so selten auch Herbstpaare brechen auseinander, entweder weil auf das Vertrauenskonto zu wenig eingezahlt wurde oder eine/r von beiden es überzogen hat.

Alles was das Gefühl von Nähe und Gemeinsamkeit stärkt, stärkt auch das gegenseitige Vertrauen: *... glückliche Paare ... geben ihrer Zuneigung nicht nur zu besonderen Anlässen Ausdruck, sondern auch in vielen kleinen Dingen, tagein, tagaus. Und: Gib von dir aus so oft wie möglich Zeichen der Anerkennung, Wertschätzung, Zuneigung. Ein Zuviel ist kaum möglich.* (Schindler et al. 2007, S. 129, 138).

Schindler et al. empfehlen zudem *Verwöhnungstage*. Im Wechsel gestaltet mal Sie mal Er während der Woche einen solchen Tag. Der Verwöhner – weiblich wie männlich – sammelt zuvor Ideen dafür und setzt sie über den Tag verteilt um. Dabei geht es nicht um große Sachen, sondern um Kleinigkeiten – etwas Nettes sagen, lästige Erledigungen abnehmen, in den Arm nehmen, um einen

Rat bitten, über schöne gemeinsame Erlebnisse sprechen. Natürlich darf es auch ein kleines Geschenk sein, ein Museumsbesuch, ein Abend zu zweit bei Kerzenschein. Für Einfälle gibt es keine Grenzen. Die oder der Verwöhnte registriert diese Aufmerksamkeiten und zeigt, dass sie ihr/ihm Freude machen.

Vielleicht werden Sie fragen: Da muss man also Psychologie studieren, um zu solchen Empfehlungen zu kommen? In der Tat – das sind alles Alltäglichkeiten. Doch zuweilen muss man wohl doch mit der Nase darauf gestupst werden, um ihren Wert zu erkennen.

Im Auge sollte man auch haben, was Vertrauen mindern oder gar zerstören kann: Nur sich selbst sehen und nicht die Bedürfnisse des/der anderen. Äußerungen und Verhaltensweisen, die negativ überraschen und nicht verstanden werden. Ironie, Sarkasmus und Zynismus gegenüber Wünschen und Werthaltungen, die dem/der Partner/in wichtig sind. Der Möglichkeiten gibt es viele.

Ironie: *... feiner, verdeckter Spott. ... aus griech. eironeia - erheuchelte Unwissenheit, Verstellung.*

Sarkasmus: *beißender Spott ... von griech. sarkázein zerfleischen, Hohn sprechen.*

Zynisch: *... verletzend, ... bissig, giftig. ... (Die) Philosophenschule der Kyniker war hinsichtlich ihrer bissigen und schamlosen Art, mit der sie über geltende Vorstellungen und Lebensformen herfiel (bekannt).*

(Alles: Duden. Herkunftswörterbuch, 2007, S. 369, 698, 957)

Worte wie erheuchelt, zerfleischen, bissig, giftig vermitteln besser als die drei geläufigen Begriffe die Wirkung solcher Äußerungen bei Paarkonflikten. Vermeiden wir das und pflegen unser Vertrauenskonto. Der Return on Investment ist entschieden höher als bei allen Geldanlagen.

Allerdings: Erratische Einbrüche kann es gelegentlich auch noch nach langen Ehejahren geben. Ein Frühwintlerpaar – er 84, sie 81 Jahre alt – hatte seine Goldene Hochzeit bereits hinter sich gelassen. Nennen wir ihn Erich und sie Luise. Als Soldat aus dem Krieg zurückgekehrt, entwickelte Erich sich zum Cleverle. So besorgte er anno 1945 einem sowjetrussischen Regiment in Berlin für dessen Feier der Oktoberrevolution – aus welchen Quellen immer – bunte Glühbirnen zur Illumination des Festsaals. Der Preis dafür? *Ein Watt eine Mark*, wie er noch immer stolz Jahrzehnte später erzählte. Seine weitere berufliche Laufbahn folgte diesem Muster, und so konnte er bereits 1949 seiner Luise einen Herzenswunsch erfüllen: Ein großes Gartengrundstück für ihre eigene Rosenzucht. Harmonisch gestaltete sich die Ehe weiter.

Ein Sprung ins Jahr 1995. Beider Tochter, ihr einziges Kind und hier als Ursula erscheinend, heiratete zum zweiten Mal. Der neue Gatte macht sich Gedanken zum erwartbaren Schwiegerelternerbe, wobei die Geduld zum Warten ihm aber fehlt. Zudem zeigt sich Erich ein wenig knauserig den Frischgetrauten gegenüber. Der Neue klemmt sich deshalb mit seiner Ursula hinter deren Mutter, und beide bearbeiten diese so beharrlich, bis die sich – ja nun was? – vom Manne scheiden lässt. Dann das Übliche: Vermögen inklusive Grundbesitz werden geteilt, und das saubere Pärchen kommt mit Überredung und Geschick an das Geld der nicht ganz so hellen Mutter.

So leider spielt manchmal das Leben – Vertrauenskonto hin oder her, wohl eher hin. Wenn das Kapital aufgezehrt ist, kommt es meistens auch zur Trennung. Bemerkenswert jedoch: Die Scheidungsrate in Deutschland sank von 2005 bis 2018 kontinuierlich und eklatant – von 51,9 auf 32,9 Prozent (nachdem sie bis 2005 beständig angestiegen war.). Inzwischen legte die Rate zwar wieder zu – wohl auch coronabedingt –, blieb aber weiterhin klar unterhalb der früheren Höchstwerte (Statista, 2021). Die durchschnittliche Ehedauer der Geschiedenen belief sich im jüngsten Jahr der Zeitreihe auf rund 15 Jahre, und das Alter der beiden Beteiligten betrug im Mittel 45 Jahre.

So erfreulich der Scheidungsrückgang ist – die Durchschnittszahlen zeigen: Auch nach langer Ehedauer und in höheren Jahrgängen gehen Ehen in die Brüche. Zwar rekrutiert sich die Mehrheit der Geschiedenen aus der Altersspanne zwischen Mitte 30 und Ende 50, mit einem Schwerpunkt bei den 45- bis 50-Jährigen. Pasqualina Perrig-Chiello in ihrem *Wenn die Liebe nicht mehr jung ist* dazu: *Im Altersgruppenvergleich ist die Lebenszufriedenheitskurve in diesen Jahren auf dem Tiefpunkt und die Burnout Rate am höchsten.* (2017, S. 15). Auch bei der Klientel von Paarberatern und Paartherapeuten dominieren diese mittelalten Paare. Jenseits der 65-Jahre-Schwelle trennen sich aber ebenfalls noch manche Paare. Dann kommen jedoch zumeist andere Motive und Auslöser zum Zuge. P. Perrig-Chiello: *... Hinweis ..., dass die Vorteile einer langjährigen Beziehung, beispielsweise tiefe Verbundenheit, gemeinsame Projekte und geteilte Erinnerungen an Bedeutung verlieren und überlagert werden von Gefühlen wachsender emotionaler Distanz, zunehmender Enttäuschung, Überdruss und mangelndem gegenseitigen Verständnis und Vertrauen.* (Perrig-Chiello, 2017, S. 59).

Damit benennt sie gleichzeitig, woran es zu arbeiten gilt, um ein Auseinanderdriften zu vermeiden: Stärkt die Verbundenheit, habt gemeinsame Projekte, pflegt die Erinnerungen, lebt emotionale Nähe, macht Euch wechselseitig interessant, habt Verständnis für die Bedürfnisse und auch Schwächen Eures Lebensmenschen. Kurz: Füllt Euer Vertrauenskonto.

Es zahlt sich aus, denn: *Die Ergebnisse jahrzehntelanger Forschung bestätigen sehr konsistent die gesundheitsprotektive Funktion der Ehe: Verheiratete haben eine bessere subjektive Gesundheit und gar eine verminderte Mortalitätsrate als alleinstehende, geschiedene und verwitwete Personen. Im Gegenzug klagen Personen ohne Partner vermehrt über depressive Symptome und Stress ...* (Perrig-Chiello, 2017, S. 41/42).

Noch einmal kurz zu der seit 2005 so deutlich gesunkenen Scheidungsrate. Welches sind wohl die Gründe dafür? Haben vielleicht die zunehmenden Unsicherheiten des Lebens und der Welt das Verlangen nach Stabilität und Geborgenheit wachsen lassen?

5

Frust und Eifersucht

Wir kommen hier zu zwei menschlichen Reaktionsweisen, die zuweilen miteinander verbunden, meistens aber jede für sich in Erscheinung treten. Für beide gilt: Bei Herbstpaaren, zumal den harmonierenden, sind sie zwar eher die Ausnahme, aber doch keine ganz unwahrscheinlichen Störvariablen.

> **Frustration:** *Das seit der Mitte des 20.Jhs belegte Fremdwort bezeichnet in der Fachsprache der Psychologie eine Enttäuschung durch einen erzwungenen Verzicht, Versagung von Befriedigung.* (Duden-Herkunftswörterbuch, 2007, S. 240)

Schon den alten Römern war das geläufig – ihr frustatio steht für Nichterfüllung, Täuschung, Irrtum. Ein charakteristischer Frustrationsauslöser kann bei Herbstlern das – dann als erzwungen erlebte – Berufsende sein. Manche Partnerschaft erfährt dadurch ihre erste schwere Belastung, was durchaus zum Auseinanderbrechen führen kann. Der oder die eine von beiden leidet unter der Erfahrung, beruflich nicht mehr gebraucht zu werden und den Wegfall einer kompletten Beziehungswelt. Ärger, Wut wie auch Depression werden dann häufig in der Partnerschaft abgeladen. Wer davon betroffen ist, sieht nicht ein, warum sie/er als Frustrationsventil herhalten soll. Zudem kann es belasten, wenn der/die andere jetzt Tag für Tag und rund um die Uhr im Hause ist. Vielleicht werden auch noch kluge Ratschläge zum Beispiel für die richtige Haushaltsführung von einer Person gegeben, die sich über Jahrzehnte hinweg nie darum gekümmert hatte.

Eigentlich sollte es keine psychologische Beratung erfordern, sich rechtzeitig und gemeinsam auf das eindeutig lange zuvor zu Erwartende einzustellen – mehr oder weniger plötzlich erzwungenen Vorruhestand ausgeklammert. Der sogenannte gesunde Menschenverstand genügt doch wohl dafür. Aber bei manchen setzt er leider aus, wovon nicht wenige Beratungspraxen locker leben können.

Frustrationsventil. Davon gibt es einige, nicht nur bei Partnerschaftsproblemen. Eins davon: *Frustfressen. ... Große Mengen süßer und fetthaltiger Speisen dämpfen ... Stresshormone, veranlassen das Gehirn, schmerzlindernde Stoffe freizusetzen und lösen die Belohnungsmechanismen des Gehirns aus. ... Das deutsche Wort Kummerspeck bietet eine recht passende Zusammenfassung von Ursache und Folge des Phänomens der emotionsbedingten Überernährung.* Das konstatiert M. MacDonald in *Dein Gehirn* (2009, S. 41).

Frustsex, ein anderes Frustrationsventil. Max has Sex with his Ex – ist das nun wiedererwachte Liebe oder vielleicht doch »nur« Frustsex? Was ist eigentlich Frustsex? Gehen wir die Frage systematisch an, denn selbiger kann auch bei Herbstlern zum Zuge kommen, wenn sicher nicht als sehr verbreitete Erscheinung. Es ist zwischen *vier Grundkonstellationen* zu unterscheiden.

Die erste: Der Frust hat externe Ursachen – wie einen Misserfolg wobei auch immer, Stress durch Überforderung, Ärger mit dem Finanzamt –, und der gewissermaßen als Ausgleich betriebene Sex findet ebenfalls extern statt. Extern: Also außerhalb der Partnerschaft. Für den eigentlichen Lebensmenschen ist es sicher nicht erquicklich, wenn die böse Tat herauskommt. Bei einiger Souveränität sollte man aber einem/einer hoffentlich reuigen Sünder/in verzeihen können. Einmal, zweimal – die individuelle Anzahl bleibt selbstverständlich freigestellt.

Die zweite: Bei dieser Konstellation führt der externe Frust zu internem Sex, also im heimischen Ambiente. Empfehlung: Der oder die Gefrustete sollte sich möglichst vorher den Ärger von der Seele reden. Dann hat man anschließend auch keinen Frustsex, sondern vielleicht sogar ein reicheres Erlebnis als sonst. Kommt es zuvor zu keiner entlastenden Aussprache, sollte man sie danach suchen. Alles, was man in sich hineinfrisst, wirkt sich über kurz oder lang auf die Partnerschaft aus, von der Verkrampfung des eigenen psychischen Haushalts zu schweigen.

Die dritte: Mit dieser Variante gelangen wir auf noch schwierigeres Terrain – Frust und Sex sind intern. Interne Frustauslöser können die unterschiedlichsten Probleme in der Beziehung zueinander sein. Man fühlt sich missverstanden, vernachlässigt oder enttäuscht, ist gekränkt, verletzt, fühlt sich im Stich gelassen. Findet darüber kein lösendes Gespräch statt, ist Sex oft ein Versuch zu vergessen oder wie ein Hilferuf, wenn nicht gar eine Art von Verzweiflungstat. Jedoch: Die Lust überwindet nur höchst selten den Frust. Aber immerhin: Man ist ja zusammen und das intensiv. Sprechen Sie über Ihren Frust – nicht dabei, aber danach. Machen Sie daraus nicht die große Anklage – erklären Sie sich, fragen Sie, bitten um Offenheit und Zuhören. So öffnet sich vielleicht der Weg zurück zur Gemeinsamkeit.

Die vierte: Interner Frust und externer Sex. Dann sind die Felle der Partnerschaft doch schon recht weit davon geschwommen. Aber die Hoffnung stirbt ja bekanntlich zuletzt. Selbst Frustsex dieses Kalibers kann noch gute Früchte tragen – für deren Ernte braucht man jedoch zumeist kundige Erntehelfer, sprich Paarpsychologen.

Max has sex with his ex? Hoffen wir, dass Sie von allen vier Spielarten verschont bleiben. Oder, wenn doch nicht, Sie über so viel *Resilienz* verfügen, um damit einigermaßen umgehen zu können. Dieser Begriff für die Fähigkeit zur Selbstbehauptung kommt aus der Materialkunde – wenn Stoffe nach extremer Spannung in ihren ursprünglichen Zustand zurückfinden, sind sie resilient.

Figuriert Lenin als Altvater der Sowjetunion, so Sigmund Freud als jener der Psychoanalyse. Und so sollte es beruhigen, wenn er verkündet: *Die Eifersucht gehört zu den Affektzuständen, die man als normal bezeichnen darf.* (Bd. 13, 1969, S. 195). Sie ist nicht nur normal, sondern auch uralt. 4. Mose 5,14: *... und der Geist der Eifersucht kommt über ihn, dass er auf sein Weib eifersüchtig wird.* Selbst der liebe Gott ist eifersüchtig – auf andere Götter neben sich.

Zeus, sein vormaliger Konkurrent, wurde als Erzeuger von Eifersucht wesentlich substanzieller. Gab er doch seiner Gattin Hera entweder in personam oder undercover als Stier, Schwan oder Goldregen manchen Anlass dazu. So schlüpfte er auch in die Gestalt des kriegsbeschäftigten Feldherrn Amphitryon, um dessen bezauberndes Weib Alkmene – erfolgreich – zu gewinnen. Diese haucht zum Schluss in Heinrich von Kleists Lustspiel *Amphitryon* – Lust! Spiel! – ein unvergessliches *Ach!*, welches ahnen lässt, dass sie das göttliche Erlebnis nicht ganz so vergessen hat, wie der Gott es eigentlich bewirken wollte. Herakles wurde von beiden in die Welt und von Zeus später in den Himmel gesetzt.

Sehen Sie sich doch einmal bei YouTube den Film *Amphitryon* aus dem Jahr 1935 an. Ein göttliches Vergnügen. Adele Sandrock schreitet als Hera majestätisch daher, und sie im Blick kann man die Seitensprünge des Gemahls sehr wohl verstehen. Ihre Rache an den zeitweiligen Zeus-Gefährtinnen war jedoch, außerhalb des Films, fürchterlich. Kallisto verwandelte sie in eine Bärin, auf Leto hetzte sie eine Riesenschlange und Semele ließ sie durch Zeus irrtümlich vom Blitz erschlagen.

Eiderdaus, wie sind wir abgeschweift, haben dabei jedoch den roten Faden nicht verloren. Dieser leitet uns nämlich zu Rolf Merkle und seinem Büchlein *Eifersucht. Vertrauen lernen - die Angst nicht geliebt zu werden, überwinden.* Darin: *Eifersucht ist ein Cocktail aus Gefühlen ... Hierzu zählen Angst, Misstrauen, Minderwertigkeitsgefühle, sich vernachlässigt fühlen, Neid, verdächtigen, hinterher spionieren, kontrollieren, Schuldgefühle, Ärger und Wut bis hin zum Hass.* (2014, S. 9). Das ist doch wohl kein Cocktail mehr, sondern eine gut bestückte heimische Bar. Er klamüsert das dann im Detail auseinander und kommt schließlich auf *zwei Ursachen von Eifersucht:*

1. Abwertungen im Elternhaus, die dazu führten, dass (man) sich für nicht liebenswert (hält) und/oder 2. Verlusterfahrungen in der frühen Kindheit. (Merkle 2014, S. 26).

Damit sind wir wieder ganz bei Freud, der Eifersucht zwar als normal erklärt, aber auch von wahnhafter Eifersucht spricht. Die ist dann ein Fall für den Psychotherapeuten. Was aber tun, wenn beim Eifersuchtsgrad das schwache »normal« überschritten wird, ohne dass es zum behandlungsnotwendigen *schwer* gekommen ist? Ganz schlicht: Man muss *an sich selbst* und nicht am anderen mit Geduld, intensiv und dauerhaft *arbeiten.*

Erstens: Arbeit an der Stärkung des eigenen Selbstbewusstseins. Darüber wurde bereits in anderen Zusammenhängen in unseren ersten beiden Kapiteln gesprochen. In älteren Jahren können sich ja - zusätzlich zu den Prägungen in der Kindheit - negative Altersstereotype, Erlebnisse des Nicht-mehr-Könnens und manches andere mindernd auf das Selbstvertrauen auswirken.

Zweitens: Arbeit an der Minderung von Verlustängsten. Das hängt selbstverständlich mit dem Vertrauen in den/die Partner/in zusammen. Davon ist im Kapitel *Kontrolle ist gut, Vertrauen ist besser* die Rede gewesen. Bei miteinander harmonierenden Herbstpaaren ist dieses Vertrauen über die Jahre gewachsen. Ist die Harmonie störanfällig, dann bekommt ein möglicher Verlust in diesen Altersjahren jedoch besonderes Gewicht.

R. Merkle gibt zahlreiche Anregungen für das mögliche *How to do*. So sollte man notieren, was man an sich selbst mag, nicht mit seinen Schwächen hadern, die innere kritische Stimme zum Schweigen bringen. Mehr Selbstständigkeit ist zu entwickeln, mehr Alleinsein zu gestalten und gezielt Aufmerksamkeit auf Liebessignale des/der anderen zu richten. Dazu: Aufrichtige Gespräche miteinander über die Problematik und die Anstrengungen, sie zu überwinden.

Grundsätzlich zu beherzigen ist: *Nobody is perfect*, wie der letzte Satz in *Some like it hot* von Billy Wilder heißt. Wir alle sind Mängelwesen. Wir müssen nur lernen, richtig damit umzugehen.

Nun können Frustsex und Eifersucht, bei aller Problematik, gelegentlich auch etwas Amüsantes haben. Zumindest von außen betrachtet. Manche Romane und Bühnenstücke spielen damit. Ohne jeglichen Anklang dieser Art bleibt dagegen der Begriff und das Erleben von *Depression*. Er erschien bereits zu Beginn dieses Kapitels. *Keine Betrachtung des Glücks wäre vollständig ohne eine Erörterung der heimtückischen Störung, die jeder Belohnung das Vergnügen nimmt – der Depressionen.* (MacDonald, 2009, S. 156).

Wir verwiesen eingangs auf die Möglichkeit, dass das plötzliche Berufsende zur Depression führen kann. Auch schwerwiegende Erkrankungen, der Verlust lieber Menschen oder das nahende Lebensende können ein Absinken in Trostlosigkeit auslösen. Man kann zwar zum Beispiel mit unterschiedlichen Aktivitäten, gemeinsam mit dem/der Partner/in oder anderen Nahestehenden dagegen anarbeiten. Oft ist jedoch fachliche Unterstützung erforderlich, um aus dem seelischen Tal herauszufinden.

Sollten Sie feststellen, dass Sie in ernsthafte Depressionen verfallen - die von konstanter Unglücklichkeit, fehlendem Interesse an der Außenwelt und Selbstmordgedanken gekennzeichnet werden -, sollten Sie auf alle Fälle ärztliche Hilfe in Anspruch nehmen. (MacDonald, 2009, S. 156).

Ein psychotherapeutisch ausgebildeter Arzt ist dann als Anlaufstelle zu empfehlen, da neben psychologischer Betreuung auch medikamentöse Hilfen sinnvoll sein können.

Verzeihen Sie bitte den diesmal weniger lockeren Sprachduktus. Aber das Problem ist dafür zu ernst.

6

Für das wahre Leben: die PAARtitur

Kluge Bücher bieten Kluges, und Experten vielerlei Art sichten, bedenken und bewerten, was zu ihrem Thema gedacht, geforscht und zuweilen auch bewiesen wurde. Wir, die hier schreiben, ordnen uns da ein. Nur, wie Otto »Rehakles« so richtig sagte: *Die Wahrheit liegt auf dem Platz.* Und so nahmen wir Stift und Mikrofon und unterhielten uns intensiv mit zwanzig reiferen Paaren – Anne mit Ihr und Dieter mit Ihm und dann noch zu viert zusammen. (Für Fußballfans: Mit *Entscheidend is' auf'm Platz* lieferte die Dortmunder Stürmerlegende Adi Preißler zu Sepp Herbergers Zeiten dem Rehhagel die Vorlage für seine Weisheit. Selbiger trägt aber durchaus auch mit eigener Einsicht zu unserem Thema bei: *Ich schätze es, wenn Fußballer verheiratet sind, denn die eigene Frau ist das beste Trainingslager.*)

Für unsere vierzig Gesprächspartner gilt: Die Altersspanne reicht von 58 bis 86 Jahre, woraus ein Durchschnittsalter von knapp 72 Jahren resultiert. So gut wie alle sind verheiratet und leben schon sehr lange mit dem/der selben Partner/in zusammen – 45 Jahre im Mittel. Die Kinder sind zumeist erwachsen und führen ein eigenes Leben. Wichtig außerdem: Geistig ist man in der Regel gut dabei, und die oft vorhandenen körperlichen Einschränkungen und bei einigen durchaus schweren Erkrankungen belasten nur in Maßen den Alltag. Von dieser Herbstler-Gruppe wird im weiteren Verlauf ausführlich zu reden sein.

Zu ihr bildeten wir aus dem Fundus unserer Praxis für Paarberatung (*Das Paar für Paare*) gewissermaßen ein Kontrastprogramm von ebenfalls zwanzig Paaren. Auch sie sind zumeist verheiratet. Abgedeckt wird jedoch die wesentlich jüngere Altersspanne zwischen 34 und 64 Jahre (Durchschnitt: 48,4). Zudem sind bei ihnen Paarprobleme virulent geworden, denn deshalb kamen sie in unsere Praxis.

Worin beide Paargruppen übereinstimmen: Sie sind im Städtedreieck Aachen – Düsseldorf – Köln beheimatet und gehören zum breiten sozialen Mittelbau der Gesellschaft. Berufe – derzeitig oder früher ausgeübt – wie Grundschullehrer und Oberstudienrätin, Mitarbeiter im Verkauf und kaufmännische Angestellte, Rechtsanwältin und Steuerberater, selbstständiger Bäcker- und Elektromeister, Kriminalbeamtin und SAP-Berater veranschaulichen das. Angesichts von Größe und Struktur ist, im statistischen Sinn, keine der beiden Gruppen repräsentativ für Paare in Deutschland. Sie liefern jedoch mit ihren Erlebnisweisen und Einstellungen charakteristische Eindrücke davon, wie mittelalte Problempaare und reife Herbstpaare ohne heftigen Problemdruck jeweils »ticken«.

Was unterscheidet diese beiden Gruppen ansonsten voneinander? Als erstes, und das wird nicht überraschen, die Zufriedenheit mit ihrer jeweiligen Partnerschaft. Für deren Bewertung standen 100 Punkte zur Verfügung. Die 40 Partner unserer 20 Problempaare vergeben im Durchschnitt 59,7 Punkte, die 40 Herbstler (ebenfalls 20 Paare) dagegen im Mittel stolze 89,9 (▶ Abb. 6.1). Aufschlussreicher als diese Differenz ist jedoch die Detailbetrachtung der Einstufungen.

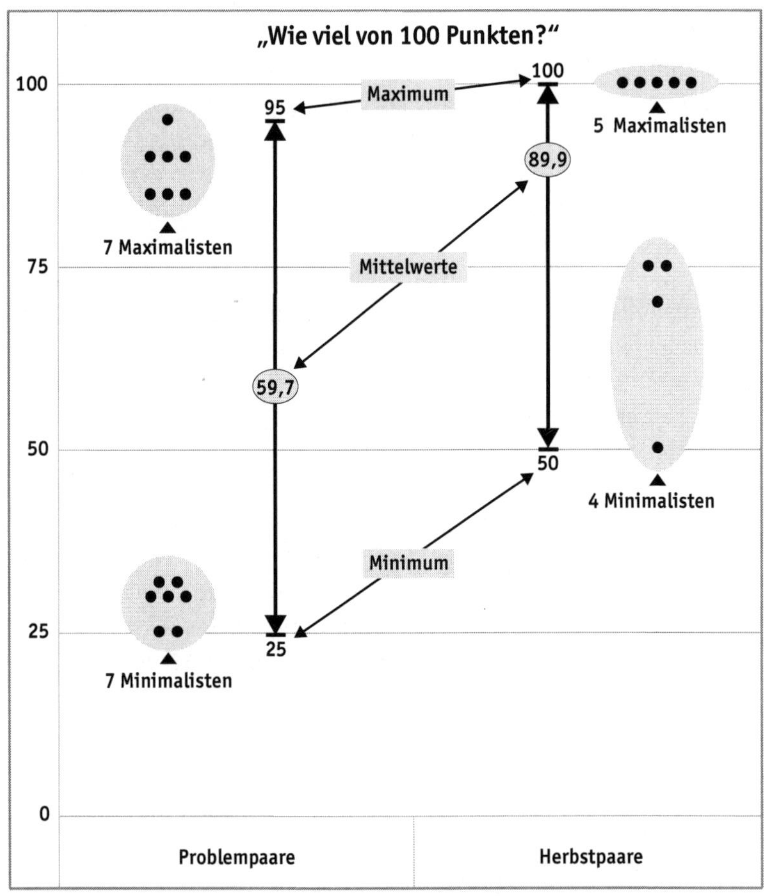

Abb. 6.1: Die Zufriedenheit mit der eigenen Ehe/Partnerschaft

Zunächst zur Problemgruppe. In ihr spannt sich das vergebene Punktespektrum von 25 im Minimum bis zum Maximum von 95. Zu erkennen sind zwei Gruppen, die sich vom Durchschnittswert deutlich entfernen: Unten, mit Werten zwischen 25 und 33 Punkten, rangieren die »Minimalisten«, jene also mit massiven Paarproblemen (jede Person ist in der Abbildung mit einem Positionspunkt markiert). Dann haben wir oben eine gleichgroße Gruppe, die zwischen 85 und 95 Punkte vergibt – das sind die »Maximalisten«. Zwischen diesen beiden Kontrastgruppen befinden sich die übrigen und meisten »Problemler« – sie liegen mehr oder weniger nah am Mittelwert von 59,7 Punkten.

Sie als Leser werden vermutlich fragen: Warum kommen die Maximalisten, Menschen also, die für die Zufriedenheit mit ihrer Ehe/ Partnerschaft hohe Werte wählen, überhaupt zur Paarberatung? Die Antwort: Nur bei zwei Paaren verleihen beide Partner so viele Punkte. Sie suchten bei uns auch nicht nach Rat wegen massiver Probleme, sondern wollten Anregungen für ein noch besseres Miteinander gewinnen. Die beiden Partner der anderen Paare driften dagegen mit ihren Zufriedenheitspunkten, zumeist eklatant, auseinander: Eine/r von beiden punktet hoch, der/die andere niedrig. Und: Es sind im Verhältnis von 4 zu 1 die Männer, die sich als zufriedener im Vergleich zu ihren Frauen offenbaren. Damit bestätigt diese Verteilung eine seit Längerem geläufige Erkenntnis: *In vielen Studien wurde ein signifikanter Geschlechterunterschied bezüglich der Partnerschaftszufriedenheit gefunden, wobei Männer in der Regel von einer höheren berichten als Frauen.* (Perrig-Chiello, 2017, S. 153/154).

Die unzufriedenen Partnerinnen drängten dann ihren Mann zur Paarberatung. In solchen Fällen muss vor Beginn der Therapie dieser erst einmal davon überzeugt werden, dass überhaupt ein Problem vorliegt. Einfach ist das meistens nicht. Wenn beide Partner demgegenüber Zufriedenheitswerte von 50 oder noch weniger Punkten vergeben, ist ihr gemeinsamer Leidensdruck dagegen in der Regel der wirksame Ansatz für den Start der Therapie.

Was es dann bei den Problempaaren in der Beratung zu bearbeiten gilt, spiegelt das breite Spektrum wider, das wir in den vorangegangenen Kapiteln ansprachen: Erosion des Vertrauens, zu wenig Gemeinsamkeit, Sprachlosigkeit, Streit, Eifersucht und manches mehr.

Die Herbstpaare unterscheiden sich von den Problempaaren also – wie bereits gesagt und erwartbar – in der Höhe des durchschnittlichen Zufriedenheitsgrades. Die Einstufungen der Beteiligten liegen bei ihnen aber auch wesentlich näher beieinander – die Spanne spreizt sich nur zwischen 70 und 100 Punkte, wenn wir den einen 50-Punkte-Ausreisser ausklammern. Hinzu kommt: Auch die jeweiligen Partner liefern fast durchweg vergleichbare Werte, beide also sehen ihre Partnerschaft übereinstimmend als gelungen an. Nur bei zwei Paaren driften sie um 15 und mehr Punkte auseinander. Bei den Problemlern sind das dagegen zehn Paare, oft mit Differenzen von 40plus.

Allerdings: Für das so hohe Zufriedenheitsniveau unserer Herbstpaare ist eine Einschränkung angezeigt. Wir baten 26 Paare um ein Interview, sechs davon waren dazu nicht bereit, wovon fünf die 75er-Altersschwelle überschritten. Es spricht manches dafür, dass in diesen Fällen zumeist der eine oder andere Schatten auf der Beziehung lag, oder einer von beiden körperlich oder geistig zu stark beeinträchtigt war. Man könnte sie als Winterpaare sehen, denen ein eigenes Buch zu widmen wäre.

Der Vergleich zwischen den interviewten jüngeren und älteren Herbstlern ist mit einem Unterschied von 1,4 Punkten für die Zufriedenheit gering. Größer fällt er zwischen Frauen und Männern aus: Die Ers stufen sich mit einem Plus von 2,6 Punkten als zufriedener mit ihrer Partnerschaft ein. Damit bestätigen sie das entsprechende Ergebnis bei den Problemlern – plus 3,1 Punkte für die Männer –, wie auch die aus anderen Studien bereits geläufige Erkenntnis.

Was aber ist es, was unsere Herbstler zusammenhält? Bei fast allen Gesprächspartnern kreisen die spontanen Äußerungen zu ihrem Miteinander um das Wort *Vertrauen.* Man ist ehrlich zueinander, hat ein offenes Herz, verlässt sich aufeinander. Das Wort Treue wird zwar nur selten ausgesprochen – sie wird aber als selbstverständlich erlebt. Das Vertrauen baute sich über die Jahre auf. Es bewährte sich in mancherlei Krisen – sei es beim Überwinden interner Belastungen und Konflikte oder bei dem Abwettern negativer Ereignisse und Forderungen, die von außen kamen. Vertrauen bildet die Grundlage für die Bindung eines Paars aneinander – ist es groß, dann die Bindung eng.

Es sind dann *zwei Komponenten*, die sich aus den Schilderungen unserer Herbstpaare als bedeutsam für die Entwicklung und Pflege ihres Vertrauenskapitals herausfiltern lassen. Die eine: *Emotionale Nähe*. Man lebt aufeinander bezogen und harmonisch zusammen (schläft manchmal aber durchaus in getrennten Räumen – wenn einer von beiden dann z. B. Alleinsein braucht) und weiß oft gewissermaßen instinktiv, wie der/die andere fühlt und denkt. Diese Nähe wird gefördert durch gemeinsame Werthaltungen, Interessen und Aktivitäten, vor allem aber auch durch Zärtlichkeiten, von denen in den nächsten Kapiteln noch ausführlich zu sprechen sein wird.

Die zweite Komponente: *Akzeptanz des Andersseins*. Man kennt seinen Lebensmenschen sozusagen in- und auswendig (das glaubt man jedenfalls) und hat gelernt, mit dessen Eigenheiten umzugehen. Es wird auf diese Rücksicht genommen und gegenseitig Freiraum für das jeweils Individuelle gewährt. Rücksicht wird aber auch genommen auf Beschwernisse des/der anderen, man ist fürsorglich und unterstützt ihn/sie.

Damit dieses »System« funktioniert, sind *gemeinsame Gespräche* ein Schlüsselwerkzeug. Die meisten Interviewpartner sprechen davon, dass sie oft miteinander reden, Fragen stellen, zuhören. So werden sowohl gelegentliche Irritationen und Missverständnisse ausgeräumt als auch die Nähe zueinander gestärkt.

Zum »Funktionieren« gehört auch, *Streit* möglichst zu *vermeiden*, oder – wenn es doch einmal dazu kommt – ihn durch Selbstkontrolle down zu coolen und konstruktiv zu beenden.

Wir gestehen – es ist hier ein Idealbild entstanden. Nur wenige unserer Herbstpaare schwächeln nicht in dem einen oder anderen Punkt. Für nahezu alle gilt jedoch: Ihr Miteinander ist ganz überwiegend durch das hier Geschilderte geprägt.

Lassen wir jetzt einige von ihnen selbst zu Wort kommen:

Ich versuche, dass ich zuverlässig bin, dass das, was ich gesagt habe, auch stimmt. Nach so vielen Jahren weiß man, was der andere mag oder nicht mag, womit man ihm eine Freude machen kann. Ich bin bereit, andere Sachen stehen und liegen zu lassen, wenn ich was mit meinem Mann machen kann. (Sie, 60 Jahre, Paar 13)

Dass wir ein ausgewogenes Verhältnis haben zwischen Distanz und Nähe. Sie kontrolliert mich nicht und ich sie nicht. Alles basiert auf gegenseitigem Vertrauen. Das trägt so 'ne Beziehung. Ich versuche, auch mal so richtig nett zu sein, mal Blumen mitbringen. Ich weiß, was sie mag. Sehr banal: Wenn ich Getränke hole, weiß ich, welche Biersorten sie besonders mag – die sind dann im Kühlschrank. Manchmal bin ich muffelig – dass ich mehr aus mir herauskommen könnte, sollte. (Er, 63 Jahre, Paar 17)

Vertrauen, Harmonie, Nähe, Sex. Sich nicht verletzen. Gut zuhören, mehr reden, nicht nur schweigen. (Sie, 62 Jahre, Paar 2)

Wir sind ein Paar, aber doch zwei Personen. Ich bin kein Kontrollfreak, wir lassen uns unsere Freiheit. Harmoniesüchtig zu sein, ist doch schlimm. Reibungspunkte befruchten. (Er, 67 Jahre, Paar 7)

Dass man zusammenhält. Aber nicht zu eng – jeder muss ein bisschen seine Freiheit haben. Es ist nicht mehr so, wie vor zwanzig Jahren, aber durch die Länge der Zeit ist unser Miteinander fester geworden. Die Kinder sind nicht mehr im Haus. Wir können uns nun mehr um uns selbst kümmern. Unsere Liebe neu »erblühen« lassen – das zählt. (Sie, 70 Jahre, Paar 9)

Dass man Vertrauen hat und viele Lasten gemeinsam trägt. Auch viele Dinge gemeinsam machen. Und auch vor allem, dass man einen persönlichen Freiraum braucht. (Er, 73 Jahre, Paar 14)

Dass man sich auch mal zankt, gehört dazu, sich auch ruhig mal die Meinung sagt. Ich halte nicht meinen Mund – es muss raus. Dann ist es auch gut. Dass man füreinander da ist, wenn zum Beispiel einer krank ist, und man weiß, was man an einander hat. Sich schätzt und tröstet. (Sie, 73 Jahre, Paar 14).

Verständnis. Und Treue sowieso, wenn man fünfzig Jahre verheiratet ist. Gemeinsame Interessen. Auf dem gleichen Level sein, geistig und körperlich. Nicht jedes Mal ausflippen, wenn mir was nicht gefällt. So 'n bisschen schlucken, aber im Endeffekt sich sagen, für das Zusammenleben muss man auch selber was tun. (Er, 75 Jahre, Paar 15)

So lange sind wir ja schon zusammen. Ich kann nicht sagen, dass wir große Tiefen hatten. Natürlich Meinungsverschiedenheiten - da sind wir zu unterschiedlich. Mit ihm als Partner hab' ich Glück gehabt. Vertrauen natürlich, Treue, Ehrlichkeit. Auch Zärtlichkeit. Dass ich mich auf ihn verlassen kann. Miteinander reden. Selbst liebevoll sein. (Sie, 75 Jahre, Paar 15)

Das totale Verständnis für einander. Jeder ahnt schon, was der andere denkt, jeder fühlt, was der andere fühlt. Was man macht, ist nicht mit dem Bewusstsein gesteuert, das kommt von allein. Wir kommunizieren über den ganzen Tag, wir kreisen umeinander. (Er, 77 Jahre, Paar 6)

Dass wir friedlich zusammenleben. Gespräche. Ich bin eigentlich eher despotisch. Muss mich deshalb manchmal zurücknehmen. Ich bestimme gern. Man könnte mehr auf die Interessen des Partners eingehen. Das probier' ich zwar, aber das ist nicht so ausgeprägt. Ich erwarte auch, dass er mir da einen gewissen Freiraum gibt. Und das ist inzwischen auch erreicht (lacht). (Sie, 85 Jahre, Paar 11)

Sich zu lieben - mehr und intensiver noch als in früheren Jahren. Viel zusammen machen, aber auch Freiräume lassen. Schwierigkeiten ohne vieles Jammern gemeinsam bestehen. (Er, 85 Jahre, Paar 1)

Nicht wenige kommen bei der Schilderung ihrer Gegenwart auf die gemeinsamen Anfänge zu sprechen. Hier eine Story, die uns gewissermaßen druckreif geliefert wurde:

Ich habe sie kennengelernt, da war sie achtzehn. Der Klassiker! Und ich habe sie eigentlich deshalb geheiratet, weil ich mir gesagt habe, die ist wirklich toll, mit der würde ich gerne länger zusammenbleiben. Aber dafür muss ich die jetzt heiraten. Unser erstes Kind hat sich dann schnell angekündigt, also schneller, als wir beide wollten. Da waren wir arm wie Kirchenmäuse. Da hab' ich ihr gesagt: Ach, hör mal, wenn das mit meinem Beruf bei 'ner Zeitung oder so nicht klappt, dann verkaufe ich wie Drafi Deutscher Schlipse auf'm Markt. Das Ding erzählt sie heute immer noch. (Er, 78 Jahre, Paar 16)

Drafi Deutscher? Sein Hit *Marmor, Stein und Eisen bricht, aber unsere Liebe nicht* setzte sich 1965 an die Spitze der Charts und passt heute zum Thema unseres Buchs.

Das lebendige und positive Bild, das die meisten von ihrer Partnerschaft zeichnen, schließt keineswegs aus, dass man nicht doch noch Möglichkeiten zur Verbesserung sieht. Knapp die Hälfte meint zwar, das Miteinander sei geradezu optimal, wenn es noch besser wäre, sei das *dann kaum noch zum Aushalten*, wie ein Er meint. Zum Lager der Euphoriker gehören übrigens deutlich mehr Männer als Frauen. Von diesen Sies kommen deshalb auch die meisten *Optimierungs-Überlegungen*. Diese zielen vor allem auf zweierlei:

Erstens: Mehr und/oder bessere Gespräche.

Zweitens: Mehr persönliche Freiräume und Toleranz dafür.

In diesen Zusammenhängen tritt auch einige Selbstkritik in Erscheinung, wie *Ich muss mein Temperament besser bändigen. – Manchmal bin ich zu pingelig. – Bin gelegentlich despotisch.* In Ansätzen zielen die Verbesserungsgedanken darauf, was bei Problempaaren virulent ist, bei den Herbstlern aber lediglich freundliche Kritikakzente setzt.

Was unterscheidet unsere beiden Kontrastgruppen nun außer der Differenz bei der Zufriedenheit mit ihrer Paarbeziehung, die ja zu erwarten war? Dabei interessiert vor allem, inwieweit Besonderheiten im Persönlichkeitszuschnitt der jeweils beteiligten Menschen zu erkennen sind.

Persönlichkeit: *... Bezeichnung und Erklärung der Bedingungen, Wechselwirkungen und Systeme, die interindividuelle Unterschiede des Erlebens und Verhaltens erfassen.* (Fröhlich, 2008, S. 363)

Persönlichkeit ist also etwas höchst Komplexes. Wir haben das für unsere Zwecke eingedampft: Die Zugehörigen beider Paargruppen – jeweils vierzig –hatten ein Set von über fünfzig Aussagen und Behauptungen in Hinsicht auf die eigene Person einzustufen. In welchem Maße stimmt man ihnen zu oder nicht zu? Für die Antworten diente eine Skala, die von 0 bis 5 reichte – 0 markierte völlige Ablehnung und 5 explizite Zustimmung. Dazwischen konnte beliebig abgestuft werden.

Es geht also um die Charakterisierung des Bildes, das man von sich selbst hat. Ob dieses Selbstbild mit dem tatsächlichen Zuschnitt der jeweiligen Persönlichkeit übereinstimmt, müssen wir offenlassen. Es zeigt jedoch, wie jemand sich selbst reflektiert und mit seinen konstatierten positiven Zügen von anderen gesehen werden möchte.

In unserer ersten Abbildung dazu (▶ Abb. 6.2) sind jene Aussagen ausgewiesen, die Herbstler für sich selbst am stärksten bejahen. Dieses Selbstbildprofil wird kontrastiert mit den entsprechenden Einstufungen unserer Problempaare für sich selbst. Bei zwei Aussagen sind markante Differenzen zwischen beiden Gruppen zu vermerken und bei weiteren Items ebenfalls aufschlussreiche Abweichungen vorhanden.

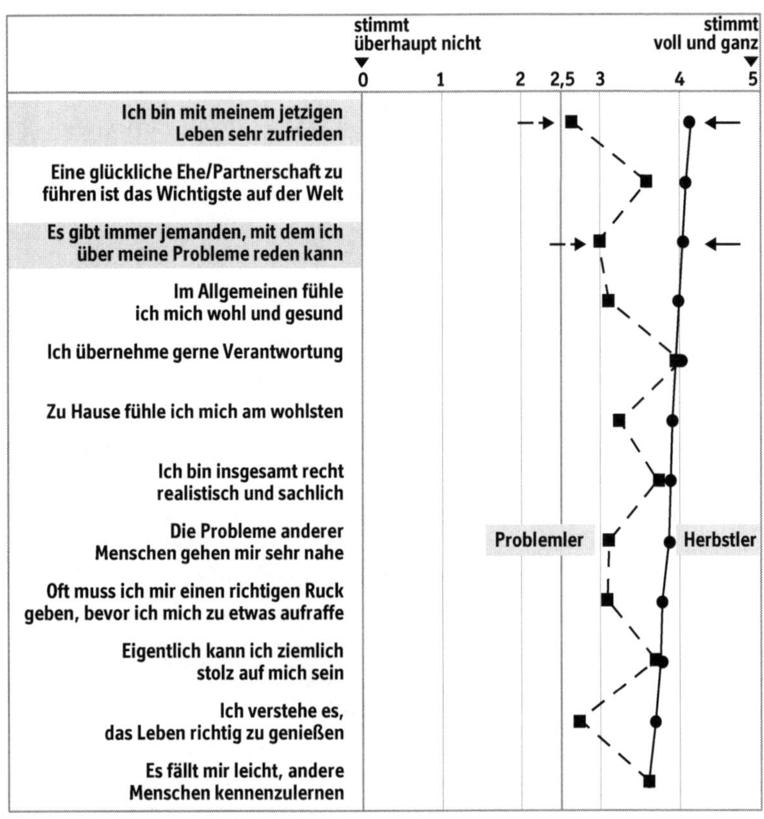

Abb. 6.2: Selbstbild-Profile I – Herbstpaare versus Problempaare

Unsere Herbstler zeigen sich mit ihrem Leben in hohem Maße zufrieden, die Problemler dagegen nicht. Die Einstufungsdifferenz beträgt satte 1,5 Skalenpunkte. Eine gute Skalenstufe trennt beide Gruppen außerdem darin, dass Herbstler stärker konstatieren, jemanden zu haben, mit dem sie über Probleme sprechen können.

Mit der höheren Lebenszufriedenheit verbindet sich mehr Lebensgenuss, und mit der Möglichkeit zur Besprechung eigener Probleme eine größere Offenheit für die Probleme anderer. Auf den Aspekt *glückliche Ehe/Partnerschaft* kommen wir gleich noch zu sprechen. Hier jedoch noch ein wichtiger Hinweis: Herbstler fühlen sich wohler und gesünder als Problemler, obwohl sie wesentlich älter sind und – wie noch zu zeigen sein wird – tatsächlich vielerlei körperliche Malaisen zu tragen haben. Ihr positives Lebensgefühl strahlt darauf offenbar aus.

Soweit die Aussagen, die von den Herbstlern am deutlichsten bejaht werden. Werfen wir jetzt einen Blick auf jene Items, die sie so gut wie gar nicht oder nur schwach für sich als zutreffend ansehen (▸ Abb. 6.3). Zum Vergleich wieder – die Problemler.

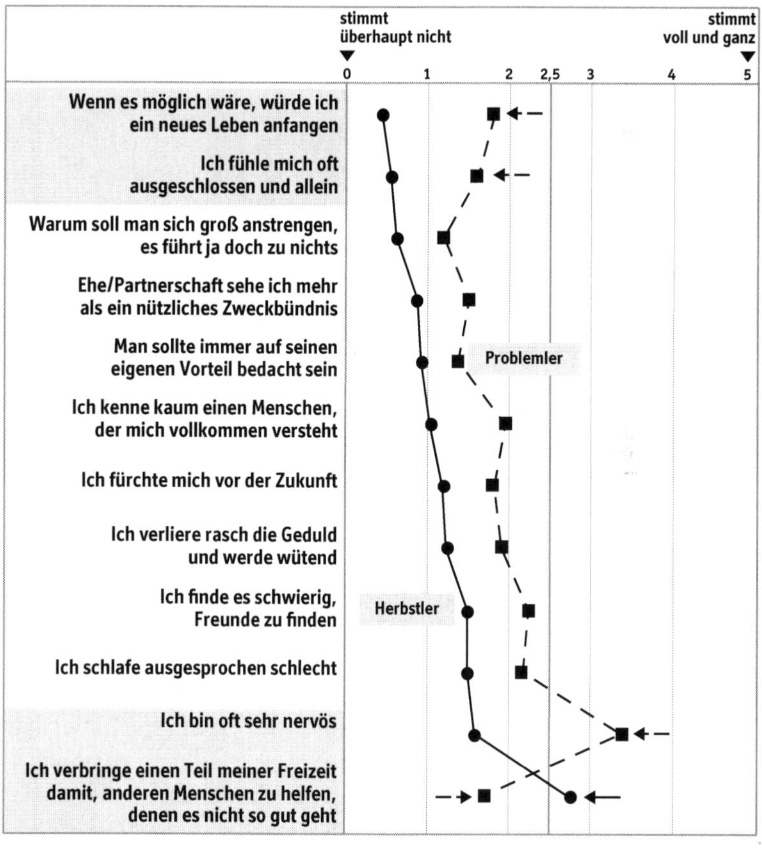

Abb. 6.3: Selbstbild-Profile II – Herbstpaare versus Problempaare

Knüpfen wir an ein Ergebnis aus der vorigen Abbildung 6.2 an: Die Offenheit der Herbstler für die Probleme anderer Menschen korrespondiert mit Hilfsbereitschaft für sie. Die Problemler haben es dagegen schwieriger, Freunde zu finden, fühlen sich nicht selten ausgeschlossen und allein und haben eher kaum jemanden, der sie versteht. Ihre geringere Lebenszufriedenheit wird durch Zukunftsfurcht genährt und ist verbunden mit dem Wunsch nach einem neuen Leben. Den Wert einer glücklichen Ehe/Partnerschaft setzen sie niedriger an – dafür die Beziehung als Zweckbündnis höher.

Der hier herausragende Unterschied zwischen den beiden Gruppen besteht jedoch darin, dass sich Problemler in weit höherem Grade als *oft sehr nervös* beurteilen. In schlechterem Schlaf, raschem Geduldverlust und schwächerem gesundheitlichen Wohlbefinden spiegelt sich diese Selbsteinschätzung.

Wenn wir die Selbstbeurteilungen nach dem Geschlecht aufschlüsseln, zeigt sich: Es sind die Frauen bei den Konfliktpaaren die über eigene Nervosität und schlechten Schlaf klagen. Das weibliche Plus beträgt dabei 2,95 und 1,43 Skalenpunkte, ist also sehr deutlich. Die Männer meinen dagegen mehr, in schwierigen Situationen klaren Kopf zu bewahren. Sie fühlen sich auch gesünder. Die Ers sehen sich augenscheinlich als kontrollierter und meinen wohl auch deshalb eher, Gefühle solle man möglichst nicht zeigen.

Die Selbstbild-Differenzen zwischen Männern und Frauen sind bei den Herbstlern dagegen gewissermaßen harmloser. Die Sies charakterisieren sich als genügsamer und sparsamer, die Ers vor allem als selbstbewusster, wenn man den möglichen Auftritt in einer TV-Sendung als Kriterium nimmt. Hinzu kommt bei ihnen ein Plus für bekundete Verantwortungsbereitschaft und Pflichtorientierung. Alleinsein ist bei Männern ein wenig mehr als bei Frauen angesagt, wie auch Risikobereitschaft und die Anschauung, man solle auf seinen Vorteil bedacht sein.

Welches Fazit können wir nun mit Blick auf unsere Herbstler aus diesen Ergebnissen ziehen? Wir kommen zu *drei Erkenntnissen:*

Erstens: Herbstler zeichnen sich durch eine grundsätzlich positive Haltung ihrem Leben gegenüber aus, für die ihre glückliche Partnerschaft das Fundament ist.

Zweitens: Ihre Gewissheit, wechselseitig ein offenes Ohr und Herz bei eigenen Problemen zu finden und zu bieten, korrespondiert mit ihrer Bereitschaft, auch anderen Menschen bei Schwierigkeiten zur Seite zu stehen.

Drittens: Die in der Regel vorhandenen körperlichen Einschränkungen und Erkrankungen werden durch die gegebene emotionale Stabilität des gemeinsamen Lebens subjektiv aufgefangen und gemindert.

Es fragt sich natürlich, was ist bei Lebenszufriedenheit und Partnerzufriedenheit eigentlich Henne und was Ei? Das wollen wir hier nicht ausbrüten – der positive Zusammenhang als solcher ist aber doch großartig.

Sind Sie mit unserem Erkenntnis-Dreiklang einverstanden, für die Herbstler und für sich selbst? Gehen Sie einmal gemeinsam mit Ihrem Lebensmenschen das Aussagenkompendium der zwei Abbildungen durch – wie ordnen Sie sich ein?

Ein Unterschied zwischen unseren Herbstlern und Problemlern besteht ja darin, dass die letzteren es schwerer haben, Freunde zu finden (▶ Abb. 6.3). Die Einbettung der allermeisten Herbstler dagegen in einem recht großen Freundes- und Bekanntenkreis belegen die Antworten auf die Frage, wieviel Freunde/gute Bekannte man denn hat.

Im Durchschnitt sind es rund dreißig Menschen, zu denen eine gute Beziehung besteht. Dieser Mittelwert wird zwar von vier Herbstlern mit jeweils um die hundert Freunde/Bekannte nach oben gezogen, bleibt aber auch bei deren Herausrechnung beachtlich. Im 30er-Kreis enthalten: Sieben engere Freunde (wie natürlich auch Freundinnen). Frauen scoren zwar etwas höher als Männer, aber das Alter ist hierbei von deutlich größerem Gewicht: Jenseits der 70-Jahre-Schwelle lichtet sich das Beziehungsgeflecht erkennbar. Dann sind es im Mittel noch 28 Freunde/gute Bekannte gegenüber den 37 bei unseren 58- bis 70-Jährigen.

So sind es auch vier unserer älteren Herbstler, die keinerlei enge Freunde mehr haben – die früheren starben hinweg. Auch die Nennung von nur einem engen Freund oder von zweien ist lediglich bei den Älteren zu verzeichnen. Tröstlich ist aber doch, dass auch sie sich zumeist noch über ein recht großes weiteres Freundes- und Bekanntenspektrum freuen können.

Festzuhalten bleibt: Unsere Zahlen widersprechen dem immer noch verbreiteten Stereotyp von den vielen vereinsamten alten Menschen. Sicher gibt es sie, was wahrlich traurig ist. Sie dominieren aber keineswegs die Wirklichkeit. Das Deutsche Zentrum für Altersfragen stellte – aufgrund einer Einsamkeitsanalyse für den Zeitraum von 2008 bis 2017 – fest: ... *der Anteil einsamer Menschen in der Bevölkerung zwischen 45 und 84 Jahren schwankt ... ungefähr zwischen acht und neun Prozent.* (Er lag) *im frühen mittleren Erwachsenenalter (45–54 Jahre) auf etwa dem gleichen Niveau wie im höheren Alter (75 - 84 Jahre).* (Huxholt et al., 2019).

Das Selbstbild-Item *Im Allgemeinen fühle ich mich wohl und gesund* wird von unseren Herbstlern ja in recht hohem Maße bejaht (► Abb. 6.2). Von den Ers noch etwas mehr als von den Sies. Bei näherer Erörterung zeigt sich allerdings: Es ist nur ein gutes Zehntel, das sich als durchweg fit bezeichnet und keinerlei Beschwernisse meldet *(Bin total fit. - Nehme keine einzige Pille. - Habe voll die Power, Kraft ist da.).* Den Gegenpol bildet ebenfalls ein rundes Zehntel, das sich als stark belastet sieht. Die große Mehrheit dazwischen beschreibt ihren Gesundheitsstatus als *ziemlich gut* und gruppiert sich um den Fitness-Mittelwert von 78,8 Punkten (► Abb. 6.4).

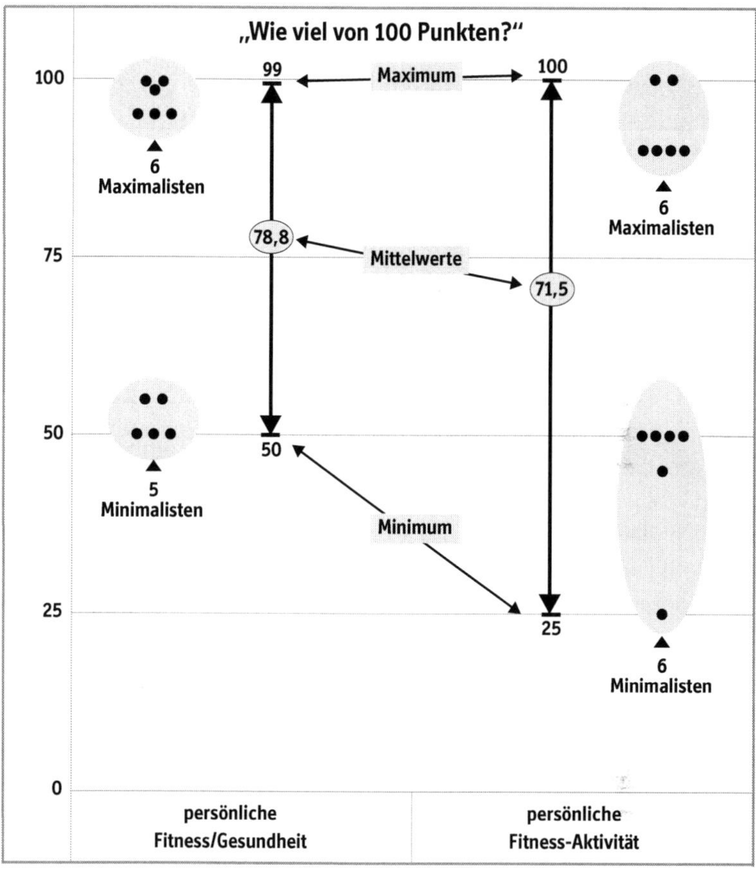

Abb. 6.4: Herbstler – persönliche Fitness/Gesundheit und Fitness-Aktivität

Männer punkten bei der eigenen Fitness-Bewertung höher als Frauen. Allerdings: Ihr Mittelwert von 83,6 kontrastiert markant mit den 69,2, die ihnen ihre Partnerinnen zubilligen. Lügen sich die Herren dabei eventuell ein wenig in die eigene Tasche? Dagegen meinen sie, ihre Frau verdiene für die Fitness 80,0 Punkte, wobei diese selbst sich nur mit 74,0 einschätzt. Außerdem gilt: Die älteren Herbstler sehen sich nicht viel weniger fit als die jüngeren, was sicher bemerkenswert ist. Zur Erinnerung jedoch: Bei jenen älteren Paaren, die nicht zu einem Interview mit uns bereit waren, wird das vermutlich überwiegend anders aussehen. (Die o. g. Einstufungen sind in der Abbildung nicht ausgewiesen).

Sehr viel breiter als der subjektive Fitness-Status streut die persönliche Fitness-Aktivität (im rechten Teil von Abbildung 6.4 zu sehen). Mit einem Durchschnittswert von 71,5 Punkten dafür ist durchaus noch einige Luft nach oben. Aber immerhin 6 unserer Herbstler befinden sich subjektiv mit ihren Aktivitäten gewissermaßen am Anschlag. Nur einer meldet mit lediglich 25 Punkten Fehlanzeige, und ein gutes Zehntel unserer Gesprächspartner geht es eher ruhig an. Bemerkenswert: Die Älteren stufen sich in Vergleich zu den Jüngeren als aktiver ein (73,0 versus 69,8 Punkte). Für die beiden Geschlechter zeigt sich dagegen nahezu Gleichstand.

Herbstler, die für ihre *körperliche* Fitness gar nichts tun, sind nur sehr wenige zu verzeichnen. Gut die Hälfte bewegt sich sportlich kontinuierlich in der Woche, zumeist drei- oder viermal. Die anderen dagegen verfahren mehr nach Lust und Laune, wobei die bei einigen allerdings zu wünschen übriglassen. Ein Beispiel dafür:

Habe bisschen hohen Blutdruck, ich will auch ein bisschen abnehmen. Nachdem ich aufgehört hab' zu arbeiten, genießt man das erst mal. Ich habe sieben Fahrräder (lacht). Mit einem Freund habe ich mir in die Hand versprochen, wir fahren wenigsten einmal pro Woche. Aber in diesem Jahr bin ich noch nicht darauf abgefahren, bis auf eine Ausnahme. Das ist alles pillepalle. (Er, 63 Jahre, Paar 17)

Das Aktivitätsspektrum der anderen reicht von Joggen und Walken, über Fahrradfahren, Schwimmen und Gymnastik bis hin zu den verschiedensten Sportarten. Auch Arbeiten in Haus und Garten fallen an, wie längere Spaziergänge und Wandern. Ins Fitnessstudio gingen zum Zeitpunkt der Gespräche – coronabedingt – nur wenige, wie auch Sauna und Qigong lediglich vereinzelt anfielen.

Auffallend ist: Nur jeder Zehnte kommt in diesem Zusammenhang auf die Ernährung zu sprechen. Zu gern hat man wohl das gute Essen und den Wein – nicht wenige bekennen sich dazu.

Äußern sich – außer den paar Fitness-Muffeln – so gut wie alle zu ihren körperlichen Aktivitäten, so spricht nur jeder Zweite davon, wie er seine *geistige* Fitness fördert. Und: Das sind mehr die Frauen als die Männer. Lesen steht dann klar an erster Stelle. Man interessiert sich zudem für Politik und Aktuelles, geht in Museen, verwaltet Immobilien und Finanzen, lernt Sprachen und Gedichte, löst Kreuzworträtsel, spielt Karten und Verwandtes – vier digital per Internet. Kurz: Jeder wird auf seine Weise selig. Einige Stimmen:

Ich interessiere mich für viele Dinge, gucke interessante Sendungen, über Politik, Kultur. Lese auch viel, und wir reden darüber intensiv. Das bestimmt den Alltag. Wir frühstücken ausgiebig, lesen die Zeitung und unterhalten uns darüber. (Sie, 75 Jahre, Paar 16)

Sudoku gegeneinander – wer zuerst fertig ist. Kakuro, sowas mit Zahlen. Machen wir jeden Morgen. Ich singe auch im Chor und schreibe Reden, zum Beispiel im Karneval. Gedichte machen – etwas umdichten auf Dialekt für Geburtstage. (Sie, 75 Jahre, Paar 15)

Ich habe da so 'ne App, mit der ich rummache. Peak heißt die, mit so verschiedenen Dimensionen. Da kannst du so ein bisschen matchen – wie stehst du da, wie entwickelst du dich, gehörst du zur Peergroup? Das habe ich jetzt angefangen. Jetzt bin ich sogar so alt geworden, dass ich angefangen hab', Sudoku zu spielen. (Er, 65 Jahre, Paar 10)

Für die geistige Fitness müsste ich eigentlich mehr tun. Ich merke, dass die Flexibilität nachlässt. Früher habe ich ein bisschen Schach gespielt, sollte ich vielleicht mal wieder. (Sie, 61 Jahre, Paar 10)

Von der Fitness-Aktivität aber noch einmal zurück zum Fitness-Status und der eigenen Gesundheit. Die Antworten auf die Frage nach den konkreten Beschwerden und Erkrankungen können wir auf die Formel bringen: Es gibt nichts, was es nicht gibt. Virulent sind Rheuma, Arthrose und Arthritis. Man klagt über Rücken-, Hüft- und Kniebeschwerden. Die Bandscheiben machen Kummer, wie auch Bluthochdruck, Schwindel und das Herz. Augen, Zähne und das Gehör lassen zu wünschen übrig, wie auch die Blase und die Nieren nicht zu vergessen sind. Unterschiedliche Krebsarten bereiten Sorgen, auf Diabetes ist man »richtig eingestellt«. Lustig ist das alles nicht. Hören wir einige Stimmen zu diesem Bestiarium:

Hatte vor einem Jahr einen Sturz, einen Wirbel gebrochen. Die Probleme mit dem Rücken schränken mich ein - das passt eigentlich gar nicht zu mir. Ich vergleiche mich aber mit Freundinnen, die noch kränker sind. Da relativiert sich meine Einschränkung. (Sie, 60 Jahre, Paar 12)

Ich habe seit sieben Jahren Rheuma und leide permanent unter Gelenkschmerzen. Ich hab' die Handgelenke versteift, das ist einfach Käse. Die Gesundheit ist schon sehr beeinträchtigt. Ansonsten bin ich aber fit. (Er, 65 Jahre, Paar 13)

Bin auf Bluthochdruck, dadurch muss man vorsichtiger sein. Gelenksachen, dadurch fühlt man sich körperlich älter. Sonst ist alles gut. (Sie, 62 Jahre, Paar 19)

Ich sag immer so: Ich bin keine zwanzig mehr und muss nicht über Hecken springen. Im Moment fühl ich mich wie sechzig, obwohl ich so 'n paar Krankheiten hatte - ok, ich bin in meinem Alter angekommen. Ich hab' immer wieder Rückenschmerzen, also das heißt Bandscheibenvorfälle, die ich hab' und zur Zeit Spinalkanalverengung. Was ich aber wieder gut in den Griff bekommen habe. Die positive Lebenseinstellung hilft auch. (Er, 70 Jahre, Paar 9)

Ich bekam eine Gesichtslähmung vor drei Jahren. Das macht mir noch ein bisschen zu schaffen. Dann gibt's noch ein paar andere Baustellen. Aber sonst geht's mir gut. (Sie, 70 Jahre, Paar 9)

Letztes Jahr war ich in der Reha. Da sagten die: Wie, so alt sind Sie schon? Die dachten, ich wäre höchstens 67. Ich bin Krebspatient und habe furchtbare Rückenschmerzen, ständig Rückenschmerzen. Das ist es, was die Lebensqualität so ein bisschen nach unten drückt. (Er, 73 Jahre, Paar 14)

Rücken – hatte auch 'ne OP, aber es ist nicht besser geworden. Das schränkt sehr ein, aber es belastet mich trotzdem nicht so, dass es mich niederdrückt. Ich sag' immer, wer mit 75 nix hat, der lügt oder ist tot. (Sie, 75 Jahre, Paar 15)

Zwei Hüften, eine Niere weg. Das ist natürlich beeinträchtigend. Ich bin unter Beobachtung, beim Urologen. Lass' jedes Jahr ein MRT machen. Zur Zeit kann ich mich nicht beklagen. Bisher sind sämtliche Spiegelungen negativ. Ich sage mir jeden Morgen, dass ich Glück hatte. (Er, 75 Jahre, Paar 15)

Da gibt es eine immer wiederkehrende Blaseninfektion. Das haben ja Frauen gern in unserem Alter. (Sie, 85 Jahre, Paar 11)

Ich geh jedes Jahr zweimal zur Untersuchung ins Etienne. Da krieg ich Ultraschall gemacht. Ich hab' auch mit dem Herzflimmern zu tun. Ich nehm' Marcumar. Da muss ich alle fünf Wochen zum Doktor, dann tut der das testen. Kriege auch Blut abgenommen, EKG gemacht und alles. (Er, 86 Jahre, Paar 8)

Diese Zitate stehen beispielhaft für ein beeindruckendes Leidensspektrum. Viel beeindruckender ist jedoch die zu konstatierende Gelassenheit, mit der die meisten Betroffenen damit umgehen. Zum einen hat man gelernt, so gut es geht mit der Belastung zurecht zu kommen. Zum anderen hilft die eigene positive Grundhaltung dem Leben gegenüber und sicher nicht zuletzt der Halt von Partner oder Partnerin.

Diese positive Grundhaltung kommt noch auf andere Weise zum Ausdruck. Vorhin zitierten wir den 70-Jährigen Er von Paar 9, der von sich aus sagte: *Im Moment fühle ich mich wie sechzig.* Klug, wie wir sind, hatten wir diesen Vergleich zwischen tatsächlichem und gefühltem Alter vorhergesehen und vollzogen ihn mit allen Gesprächspartnern (▶ Abb. 6.5). Dass aber die beiden Angaben so sehr auseinanderdriften, hatten wir nicht erwartet.

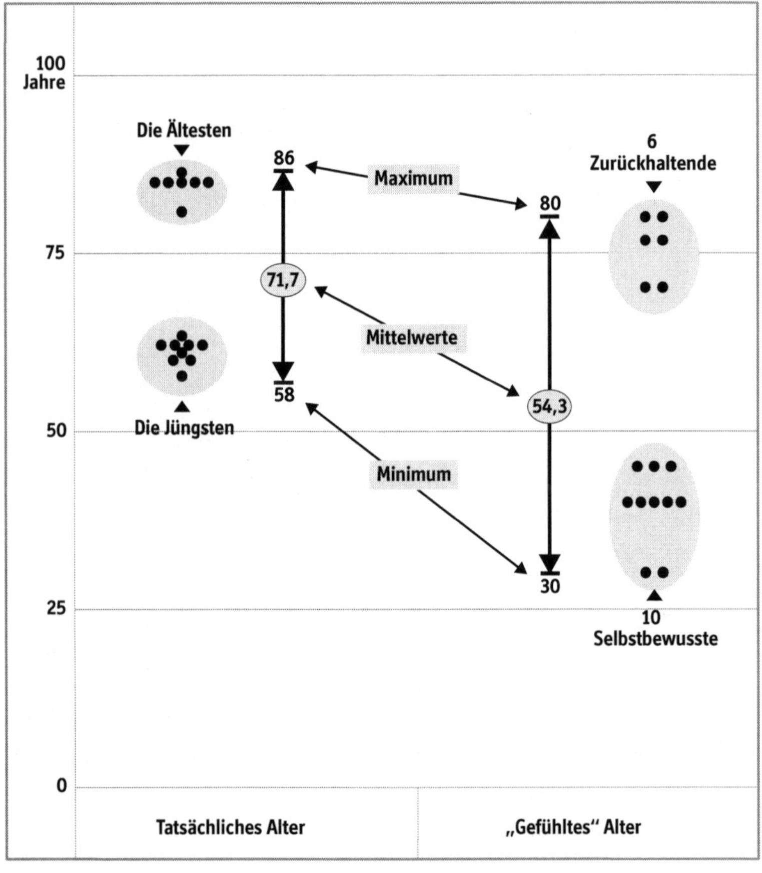

Abb. 6.5: Wie alt ist man und wie alt fühlt man sich?

Das durchschnittliche Alter unserer Herbstler beträgt also 71,7 Jahre – sie fühlen sich jedoch wie knapp Mitte 50. Und: Die »gefühlte« Altersspanne ist viel größer (zwischen 30 und 80 Jahre) als die tatsächliche (zwischen 58 und 86 Jahre). Es gibt fast doppelt so viele Selbstbewusste – die sich also sehr jung fühlen – als in dieser Hinsicht Zurückhaltende.

Liegen bei Frauen knapp 20 Jahre zwischen Objektivem und Subjektivem, so bei Männern nur gut 15. Damit bestätigt unsere Studie bereits bekannte Erkenntnisse: *Untersuchungen zu Geschlechterunterschieden zeigen übrigens, dass sich Frauen im mittleren und höheren Lebensalter jünger fühlen als Männer.* (Wahl, 2017, S. 60).

Noch markanter ist die Differenz bei der subjektiven Alterswahrnehmung jedoch in Abhängigkeit vom realen Alter: Unsere jüngeren Herbstler stufen sich um rund 15 Jahre herab, die älteren – die über 70-Jährigen also – dagegen um gut 30! Je öller, je döller auf Kölsch. Alter schützt vor Torheit nicht? Wenn es dann aber den Lebensmut stärkt?

Was eine stabile Partnerschaft ausmacht und wodurch sie gefährdet werden kann, beleuchteten wir in den bisherigen Kapiteln und auch im vorliegenden aus verschiedensten Blickwinkeln. Versuchen wir nun, zu einem *Gesamtbild* zu kommen.

Deutlich wurde, wie sehr wechselseitiges Vertrauen – nennen wir es *Paarvertrauen* – im Mittelpunkt der Entwicklung und Festigung eines gelingenden Miteinanders steht. Es bildet die Basis für die Bindung aneinander und deshalb auch das Zentrum unseres Modells *PAARtitur* (▸ Abb. 6.6). Wie die Partitur fügt es das Vielschichtige zu einem Gesamtbild.

Partitur: *... übersichtliche ... Zusammenstellung aller zu einer vielstimmigen Komposition gehörenden Stimmen.* (Duden. Das Fremdwörterbuch, 2007, S. 766)

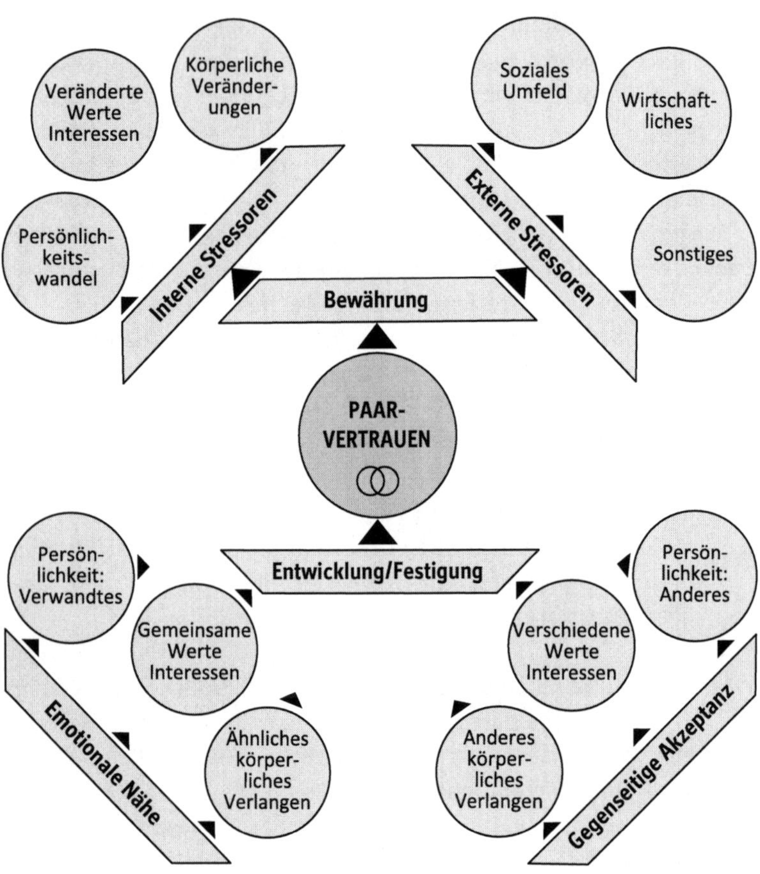

Abb. 6.6 Das Modell *PAARtitur* – die Entwicklung, Festigung und Bewährung von Paarvertrauen

Paarvertrauen erwächst sowohl aus emotionaler Nähe zueinander als auch aus der gegenseitigen Akzeptanz von Unterschieden. Nähe und Akzeptanz fächern sich dann danach auf, worauf sie zielen.

Emotionale Nähe: Sie entwickelt sich zum einen aus der Verwandtschaft beider Partner im Zuschnitt ihrer jeweiligen Persönlichkeit.

Dann sind für die Nähe zueinander die Werthaltungen und Interessen, die beiden wichtig sind, von Belang, sowie die daraus resultierenden Aktivitäten. Zudem kommt Harmonie beim körperlichen Verlangen zum Zuge. Es geht bei alldem keineswegs um Deckungsgleichheit von Ihr und Ihm, sondern um Gleichklang bei solchen Aspekten, die bei beiden Gewicht haben.

Gegenseitige Akzeptanz: Auch dafür sind Persönlichkeitszuschnitt, die Werthaltungen, Interessen und Aktivitäten sowie die Art des körperlichen Verlangens von Belang. Jetzt geht es aber um die Unterschiede zwischen Ihm und Ihr, welche die/der jeweils andere zu verstehen und zu akzeptieren lernt bzw. gelernt hat. Zu akzeptieren ist mehr als zu tolerieren: Man bejaht das jeweilige Anderssein auch, weil daraus die Zweisamkeit an positiver Spannung gewinnen kann.

Das Ganze darf nicht als Status-quo-Beschreibung, sondern muss als *Prozess* verstanden werden – vom ersten Treffen bis zum ernsthaften Zusammenfinden und darüber hinaus: Man sieht jemanden zum ersten Mal, findet sie/ihn entweder auf Anhieb oder peu à peu interessant, reizvoll, sympathisch und kommt einander an Wissen, Verstehen und Erleben immer näher. Selbst nach fünfzig Ehejahren ist dieser Prozess nicht abgeschlossen, es sei denn, man lebt nur noch routinemäßig und gelangweilt nebeneinander her. Unser Gefüge erweitert sich deshalb um einen entscheidenden Teil, um die *Bewährung*.

Bewährung: Haben emotionale Nähe der Partner und ihre gegenseitige Akzeptanz auf das Konto Paarvertrauen gewissermaßen eingezahlt – Sie erinnern sich, was wir dazu im Kapitel *Kontrolle ist gut, Vertrauen ist besser* geschrieben haben? –, so wird jetzt das angesammelte Vertrauenskapital für die Bewältigung von Krisen genutzt. Ausgelöst werden diese Krisen durch interne oder externe *Stressoren*.

Stressoren: *Als Stressoren gelten ... psychische Belastungen wie schwere Konflikte, Lebensängste, Zukunftssorgen u. ä., die das innere Gleichgewicht stören und Neuanpassung, ... wirkungsvolle Auseinandersetzung (Bewältigung) und/oder Abwehr verlangen.* (Fröhlich, 2008, S. 461)

Interne Stressoren: Sie stammen aus den drei Bereichen, die auch für Nähe und Akzeptanz von Bedeutung sind. Persönlichkeitszuschnitt: So könnte sich z. B. Er im höheren Alter hin zu Verschlossenheit entwickelt haben, worunter Sie leidet. Werthaltungen/Interessen/Aktivitäten: Sie entdeckte mit Anfang 70 eventuell den Reiz von Meditation und altindischen Weisheiten, die ihm ein Rätsel bleiben. Körperliches: Jetzt geht es nicht nur um Veränderungen beim körperlichen Verlangen, sondern auch um das veränderte Äußere und das Auftreten ernsthafter Erkrankungen, die bewältigt werden müssen.

Externe Stressoren: Die können äußerst vielfältig sein, zwei davon haben wir im Modell benannt. So kann das bereits an früherer Stelle erwähnte Berufsende sowohl einen Einbruch beim erlebten sozialen Umfeld zur Folge haben als auch zu ernsthafter Einengung der finanziellen/wirtschaftlichen Spielräume führen. Oder: Der Unfalltod der erwachsenen Tochter wirft die Eltern aus der Bahn ihrer bisherigen Lebensharmonie.

Auf der einen Seite wird das angesammelte Vertrauenskapital bei der Bewältigung solcher Krisen eingesetzt und fließt im ungünstigen Fall dabei ab. Andererseits wird das Kapital jedoch weiter aufgestockt, wenn es gelingt, die Erschütterung gemeinsam zu meistern. *Krisen erzeugen zunächst Leidensdruck und stellen dann Wendepunkte dar, denen ein positiver oder negativer Ausgang folgt. Bezogen auf langjährig Verheiratete heißt das nichts weiter, als dass es deren Mehrheit gelungen ist, aus Krisen zu lernen und an ihnen zu wachsen. Gemeinsam gemeisterte Krisen können zusammenschweißen. Je älter die Menschen, desto krisenerprobter sind sie in der Regel und desto eher bereit, zu verzeihen.* (Perrig-Chiello nach Fingerman & Charles, 2017, S. 179/180).

Ist die Partnerschaft ein Paradies? In aller Regel wohl eher nicht. Andauerndes Hosiannasingen wäre vermutlich auch eher nervend. Aber versuchen Sie es vielleicht doch einmal mit dem Paaradies: *Paaradies - der Herzschrittmacher für die Liebe. Die App bietet Ihnen als Paar zahlreiche unterhaltsame und praktische Tools zur Beziehungspflege.* Vielleicht ist für Sie ja etwas Passendes dabei.

Ob die App wohl auch etwas aus der Bibel bietet? In der steht geschrieben: Da wies ihn Gott der HERR aus dem Garten Eden ... trieb den Menschen hinaus und hieß lagern vor dem Garten ... die Cherubim mit dem flammenden, blitzenden Schwert, zu bewachen den Weg zu dem Baum des Lebens. (1. Mose 3). Ob die Cherubim den Weg noch immer bewachen? Sei ihnen gegönnt dieser Job. Wir aber sagen Euch: Auch im Paar-Paradies lockt mancher Apfel der Erkenntnis, und allerlei Schlangen umschlängeln Adam und Eva. Sei's drum – es lohnt sich, im Irdischen miteinander lebendig zu sein und an der Gemeinsamkeit zu arbeiten. Unsere PAARtitur bietet dafür ein Verständnismodell.

Miteinander. Notieren Sie auf einem Merkzettel vielleicht auch noch: Zueinander – Voneinander – Aneinander.

Zueinander: Die Nähe zueinander erleben und gestalten.

Voneinander: Die Distanzen voneinander erkennen und verstehen.

Aneinander: Das Vertrauen und damit die Bindung aneinander entwickeln und pflegen.

Kurzgefasst: Miteinander füreinander.

7

»Ich kann halt lieben nur ...« – und sonst gar nichts?

Wie Marlene Dietrich seligen Angedenkens 1930 im Film *Der blaue Engel*, mag man ja von Kopf bis Fuß auf Liebe eingestellt sein, was dann sicher bedeutet, sich um deren Definition wenig zu kümmern. Auch der Revolutionär Erich Mühsam machte es sich mit seinem Schüttelreim eher etwas einfach:

Die Männer, welche Wert auf Weiber legen
tun dieses leider nur der Leiber wegen.

Das galt wohl auch für Professor Rath in dem Film – er verfällt der Tänzerin Lola, heiratet sie und tritt schließlich in deren Etablissement als Clown auf. Als solcher stößt er auf der Bühne ein verzweifeltes *Kikeriki!* aus. Eine schöne – schöne? – Demonstration für die möglichen Konsequenzen *sexueller Hörigkeit.* Dieser Begriff wurde bereits 1892 von Richard von Krafft-Ebing erdacht, der in diesem Sinne auch für Masochismus und Sadismus verantwortlich zeichnet. Auf selbige werden wir noch zu sprechen kommen.

Lesen Sie doch einmal (wieder?) *Professor Unrat* von Heinrich Mann, den Roman, der für den Blauen Engel die Vorlage war. Der Bruder von Thomas verarbeitete darin auch eigene Bedrängnisse, wie er selbst bekannte: *Unrat, dieses lächerliche Scheusal, hat doch einige Ähnlichkeit mit mir.* Seine spätere Ehefrau Nelly lernte er in einer Berliner Bar kennen, in der sie als Animierdame wirkte. Bei ihrer Geburt notierte sie die Hebamme als Tochter *einer unverheirateten Dienstmagd,* was in der sehr speziellen Familie Mann sicher nicht als Empfehlung galt. Für Thomas Mann war sie *die schreckliche Trulle,* ja sogar *eine arge Hur.* Aber für ihren Ehemann wohl auch ein herzliches Menschenwesen. Der Vergleich zwischen Buch und Film lässt übrigens erkennen, mit welch größerer Prägnanz Drehbücher ein Thema auf den Punkt bringen können.

Was aber nun ist Liebe? Matthew MacDonald in *Das Gehirn: ... Liebe (ist) ein genetisches Programm, das mit heißer Leidenschaft und sexueller Glückseligkeit beginnt ...* Er verweist zudem auf Oxytocin *... ein Hormon, das gleichermaßen auf Körper und Gehirn wirkt. ... Der Hypothalamus setzt es bei Männern und Frauen beim Umarmen, Berühren, Schmusen und beim Orgasmus frei ...* (MacDonald, 2009, S. 235). Wie schön, *wenn's denn der Wahrheitsfindung dient* – so Fritz Teufel 1967 in anderem Zusammenhang.

Für Schindler et al. ist *Liebe ... eine schöne Erfindung der Natur, um Bindung zwischen zwei Menschen entstehen zu lassen. Sich verlieben bedeutet Bindung herstellen; lieben bedeutet Bindung erhalten.* (2007, S. 3). Damit wird dieses Autoren-Dreigestirn vermutlich recht nah an dem sein, was Normalos unter Liebe verstehen, und diese sind damit offenbar weiter als die Wissenschaft: *Zusammengefasst lässt sich sagen, dass letztlich weder die Psychoanalyse noch die Bindungstheorie eine eigene, umfassende Definition von Liebe haben oder gar das*

Wesen der Liebe erklären können. (Perrig-Chiello, 2017, S. 36). Von der Liebe ist es vom Klang her nicht weit zur Libido (zu übersetzen mit Begehren/Verlangen), in Fröhlichs Wörterbuch für Psychologie als *Psychoanalytische Bezeichnung für sexuelle Impulse bzw. Inbegriff der von Freud so genannten »Vitalenergie« definiert.* (2008, S. 308). Vitalenergie – welch schöner Begriff.

Was geht nun unseren Herbstlern beim Wort »Liebe« spontan durch den Kopf? Nahezu alle assoziieren mit Liebe *Vertrauen* und *Emotionale Nähe* – beides trat bereits in Erscheinung, als man seine Zufriedenheit mit der eigenen Partnerschaft schilderte. Man kann sich aufeinander verlassen und ist glücklich, zusammen zu sein, Liebe kommt von Herzen und vermittelt warme Gefühle.

Als charakteristisch für Liebe in der jetzigen Altersphase gilt *Rücksichtnahme/Unterstützung*: Fürsorglich sein, bei Schwierigkeiten helfen, Rücksicht auf Eigenheiten nehmen. Auch das spielte bereits bei der Partnerschafts-Diskussion eine Rolle.

In Verbindung mit dem Wort Liebe kommt dann aber ein Bereich zum Zuge, der zuvor nur von wenigen angesprochen wurde: *Zärtlichkeit.* Für drei Viertel ist sie jetzt ein Thema, für Frauen wie Männer: Sich in den Arm nehmen, berühren, kuscheln, küssen. Lachen und Herumalbern bei einigen, wie auch stille Momente und Besinnlichkeit als Varianten von Intimität bei anderen. *Sex gehört dazu.* sagen manche, andere dagegen *Hat mit Sex nichts zu tun.* So spricht man von der Liebe:

Liebe ist was anderes, als nur miteinander leben. Beim Küssen das Kribbeln im Bauch, das ist immer noch vorhanden. Auch nach vierzig Jahren. Sich mit allen Sinnen angenommen fühlen. (Sie, 62 Jahre, Paar 3)

Sex. Den anderen stützen. Harmonisches Miteinander. Dass man es so lange miteinander ausgehalten hat, das ist ein riesiges Asset. Man kennt den anderen, man weiß, wie es mit ihm bestellt ist. Man weiß auch, wie er reagiert bei bestimmten Situationen, die auftauchen. Ja, die Verlässlichkeit – das ist ein Zusammenwachsen über 30 Jahre bei uns, die Hälfte des Lebens, die das schon andauert. (Er, 63 Jahre, Paar 17)

Ganz große Gefühle, das hab' ich erfahren dürfen mit meinem Mann. In unserer ersten Verliebtheit haben wir gemerkt, dass es wohl größer ist als nur irgendwie zusammen zu sein. Das war tiefe Liebe, nicht nur als Gefühl, das ist tief im Körper drin. Dass wir morgens zusammen aufwachen, auch wenn der Tag voraussichtlich nicht schön wird. Dass wir wissen – wir schaffen das. Brauchen uns dann nur anzugucken, dann wird sich in den Arm genommen. Dann weiß man, der eine ist für den anderen da. (Sie, 62 Jahre, Paar 19)

Starkes Wort. Wo hört die extrem starke Zuneigung auf, wann ist es Liebe? Da gibt es ja keinen Gradmesser. Ich hab' manchmal so 'nen Drehhals. Wenn 'ne nette junge Frau vorbeigeht. Meine Frau sagt da nichts mehr, wenn ich guck'. Ich muss gucken, um zu wissen, dass ich mit der Hübschesten verheiratet bin. Wenn ich nicht vergleiche, kann ich es nicht wissen. (Er, 65 Jahre, Paar 2)

Herzenswärme, Nähe, einfach sich mit dem Partner gut fühlen, wenn man ihn bei sich hat. Vermissen, wenn er nicht da ist. Allein zu sein wäre schrecklich. (Sie, 62 Jahre, Paar 2)

Zueinander gehören und füreinander da sein. Liebe ist auch, wenn man trauert, wenn man sich dann gegenseitig stützt. Und dann also die ›ehelichen Pflichten‹, wie man so sagte -versuchen, dass es klappt, soweit wie möglich erfüllen. (Er, 73 Jahre, Paar 14)

Da ist für mich wichtig, dass ich ihn habe. Er ist der Fels in der Brandung. Ich kann mich zu hundert Prozent auf ihn verlassen. Er ist ein sehr verlässlicher, liebender Partner, der mich auf Händen ... (lacht). Also wirklich! (Sie, 72 Jahre, Paar 20)

Liebe? Ist das Größte überhaupt. Es gibt einfach nichts, was drübersteht. Das ist einfach Glück. Ich war bei den fünf Geburten aller meiner Kinder dabei – das sind die emotionalsten Momente gewesen. Einfach dieses neue Leben, das verbinde ich mit dem Wort Liebe. Ich liebe meine Frau nach wie vor. (Er, 63 Jahre, Paar 19)

Er ist meine große Liebe, ganz einfach. Als ich ihn das erste Mal gesehen habe, war ich weg! Da zu sein, wenn einer Probleme hat – ganz ganz wichtig. (Sie, 73 Jahre, Paar 14)

Rote Rosen. Das ist ja fast eine philosophische Frage. Für mich: Treue, Verliebtheit, Verständnis – das gehört zu dem Konglomerat, was zusammengehört. Abgeklärter jetzt. Liebe ist nicht so im Vordergrund – reibungsloses Zusammenleben. (Er, 75 Jahre, Paar 15)

Also nicht in erster Linie Sex, nicht in erster Linie. In erster Linie so die Werte, die man hat. Auch dieses Vertrautsein miteinander. Natürlich auch zärtlich sein zueinander. Treue, das ist klar. Nicht so die ›freie Liebe‹ in Anführungszeichen. Ihm zu vertrauen. Aber Sex gehört auch noch dazu, würde ich sagen. (Sie, 75 Jahre, Paar 15)

Liebe in sexuellen Dingen ist weitgehend eingeschmolzen. Einfach das tagtägliche Verständnis und die Zärtlichkeit. Auch die Freiheit sich nehmen, albern zu sein. Die Wünsche von den Lippen ablesen. Wir können auch spontan tanzen hier im Haus. Wir nehmen uns gegenseitig in den Arm. Wir kreisen umeinander. (Er, 77 Jahre, Paar 6)

Dass man sich umarmt, sich ein Küsschen gibt. Wir mögen gerne albern sein, da sind wir wie Kinder, aber schon immer. Diese Verbindung – das ist Liebe auch. Zärtlichkeit, die jetzt natürlich nicht mehr so ist wie früher, vor Jahrzehnten. Dass wir uns entgegenkommen. Wenn einer von uns Not hat, und wenn es eine Winzigkeit ist, dann sind wir füreinander da. (Sie, 78 Jahre, Paar 6)

Dass ich einen Menschen akzeptiere, viele Dinge akzeptiere. Die Harmonie. Dass wir sehr oft zusammen sind, auch körperlich. Das schweißt zusammen. Man ist dann irgendwie eine Einheit. (Er, 78 Jahre, Paar 20)

Geschlechtsverkehr … Wenn mir der Rücken zu sehr schmerzt, muss ich das manchmal absagen. Er ist manchmal zu stark fordernd. Aber: Auch Fantasie gehört dazu. (Sie, 81 Jahre, Paar 4)

Da fällt mir spontan ein, wie ich meine Frau kennengelernt hab'. Dass die Liebe sehr groß war damals. Der Respekt beider, das ist jetzt wichtig. (Er, 85 Jahre, Paar 11)

WECHSELSEITIGER HAIKU

Gib mir dein Lächeln
nimm weg vom Antlitz der Welt
die tiefen Furchen

Um nun noch präziser erfassen zu können, was sich mit dem Wort »Liebe« emotional verbindet, ließen wir es im sogenannten Semantischen Differential (auch: Polaritätenverfahren) von allen Interviewpartnern einstufen. Vorgelegt wurde eine Liste mit gegensätzlichen Wortpaaren, wie z. B. *zart – rau.* Zunächst war zu entscheiden, welches von den beiden Worten dem eigenen Empfinden nach besser auf Liebe zutrifft, also eher *zart* oder *rau*. Dann musste anhand einer Abstufungsskala markiert werden, wie sehr das gewählte Wort für Liebe charakteristisch ist.

Abbildung 7.1 zeigt das *Erlebnisprofil von Liebe*, wie es sich aus den Einstufungen aller vierzig Interviewten ergibt. Ausgewählt und nach dem Einstufungsgrad geordnet sind jene Adjektive, welche Liebe am besten charakterisieren.

Aus Sicht unserer Herbstler verbindet sich mit Liebe demnach am stärksten *zart* (und also keineswegs *rau);* der dafür zu verzeichnende Einstufungs-Mittelwert von 1,98 lässt erkennen, dass so gut wie alle dieses Wort als kennzeichnend erleben.

Es folgen dichtauf *beschützend*, *sanft* und *menschlich*, sowie mit nur geringem Abstand *wahrhaftig*, *spontan* und *heiter*. Sodann: *entspannend* und *beständig*. So also fühlt sie sich an, die Liebe im Herbst. Ob das im Frühling wohl anders ist?

Wie könnte man das mit diesen Worten »gemalte« Herbstbild von Liebe betiteln? Aus unserer Sicht passt *bergende Gelöstheit* gut dazu. Auch die bereits erörterten spontanen Äußerungen sprechen dafür. Für das Bergende: *Da zu sein, wenn einer Probleme hat. - Fels in der Brandung. - Den anderen stützen.* Und für die Gelöstheit: *Herzenswärme. - Harmonisches Miteinander. - Wir kreisen umeinander.* Bergende Gelöstheit – sie kontrastiert nachdrücklich mit der oftmals *verletzenden Gereiztheit* bei Problempaaren.

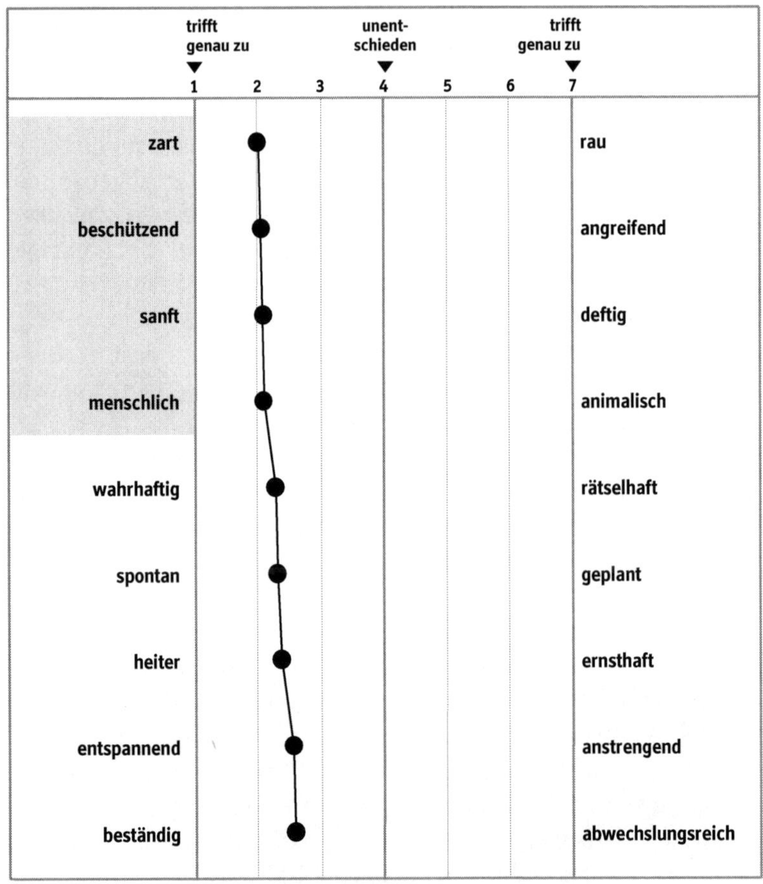

Abb. 7.1: Erlebnisprofil »Liebe« – die treffendsten Charakterisierungen

Die Sies ordnen »Liebe« *beschützend, zart, spontan* und *entspannend* zwar etwas prononcierter als die Ers zu, und diese sind verstärkt für *heiter, beständig* und *menschlich.* Aber für beide wird Liebe mit den genannten Items treffend charakterisiert.

Gruppieren sich unsere Gesprächspartner mit ihren individuellen Einstufungen zumeist recht nah um die in der vorigen Abbildung ausgewiesenen durchschnittlichen Positionen, so ist das bei vier anderen polaren Wortpaaren nicht der Fall (▶ Abb. 7.2). Im Gegenteil: Unsere Herbstler trennen sich dabei in zwei deutlich voneinander geschiedene Lager. Das eine nennen wir das der *Realisten,* das andere das der *Romantiker.*

Für die Realisten verbindet sich Liebe mit *vertraut, klar, einfach* und *realistisch.* Romantiker erleben sie im Kontrast dazu als *fantasievoll, geheimnisvoll, kompliziert* und *romantisch.* Diese beiden Gruppen stehen im Verhältnis von etwa 5 zu 4 zueinander. Das restliche Zehntel platziert sich dazwischen – es sieht sowohl das eine wie das andere als möglich an oder möchte darüber je nach Situation entscheiden. Bei den Realisten sind zwar ein wenig mehr Männer als Frauen vertreten, wogegen sich diese Relation bei den Romantikern umkehrt. Es ist das aber nur eine leichte Tendenz: Auch Sies gehören mit zu den Realisten und Männer zu den Romantikern.

Machen Sie doch einmal den Versuch, sich bei diesen vier Wortpaaren selbst einzuordnen: Zu welchem der beiden Lager gehören Sie? Und Ihr/e Partner/in?

Das Erlebnisprofil von Liebe wird uns in den beiden folgenden Kapiteln noch weiter beschäftigen: Wie wird im Vergleich dazu Sex und wie Erotik platziert?

Vorab jedoch nochmals die Profanierung eines Bibelspruchs: *Nun aber bleibet Glaube, Hoffnung, Liebe, diese drei; aber die Liebe ist die größte.* (Korinther 1 – 13;13). Es gibt so viele Erscheinungsformen, Spielarten und Entwicklungen der Liebe. Jugendliebe und Altersliebe, Eigenliebe und Nächstenliebe. Liebe für den Wald, für Tiere und das Meer. Liebe zur Poesie und Malerei, Liebe für Wein, Weib und Gesang. Groß und stark, tief oder hoch, stürmisch, heiß und voll Leidenschaft. Liebeslust und Liebesleid, Liebesdurst und

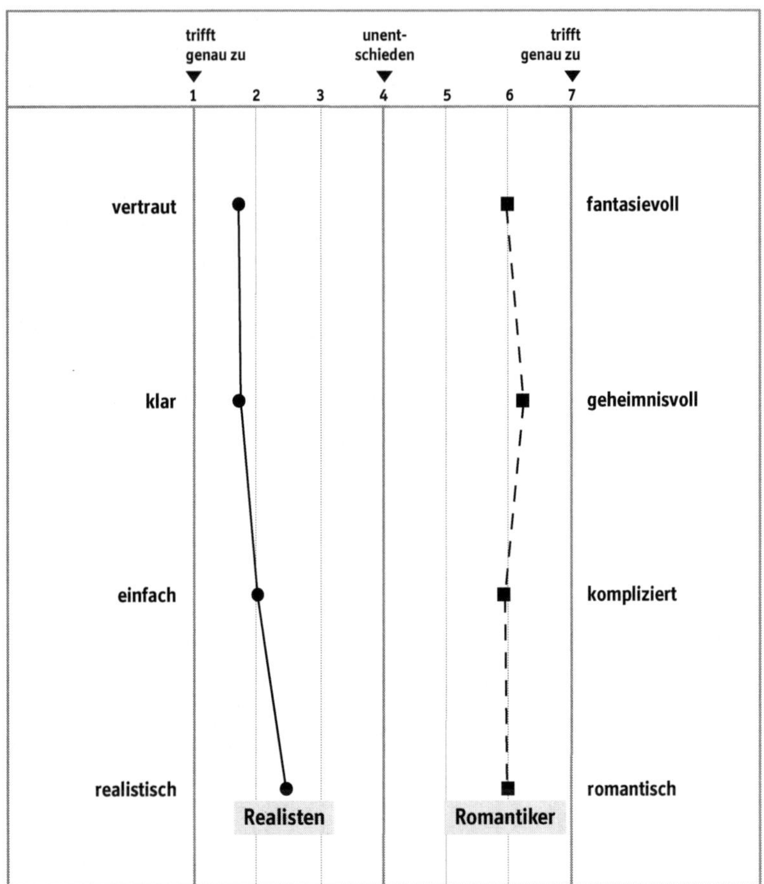

Abb. 7.2: Erlebnisprofil »Liebe« – Realisten versus Romantiker

Liebeshunger. Liebe erwacht, blüht und wächst, schläft aber auch ein, verkümmert und stirbt. Vom Erglühen zum Erkalten. Liebessehnsucht, -kummer, -schmerz und -tod. Liebe kann Berge versetzen, Horizonte öffnen und grenzenlos sein. Sie kann das Herz erwärmen und das Herz zerreißen.

Hat man die Wahl oder ist es Geschick? Platonisch betrachtet: Beides kann sein.

8

Sex und Leidenschaft

Zur Sache, Schätzchen hieß ein Film, der 1968 in die Kinos kam, und dessen Titel rasch zum geflügelten Wort wurde, wenn man über Sex sprach. Er führt noch heute das lockere Lebensgefühl vieler junger Menschen von damals vor Augen. Werner Enke spielt Martin, der zwar morgens kaum aus dem Bett findet, mit Witz und Chuzpe aber die Jungdynamiker unserer Zeit ziemlich alt aussehen lässt. Die *Liga der gewöhnlichen Gentlemen* huldigte ihm 2014 mit dem Song *Kennst du Werner Enke?* der in Bremen auf der Bühne am Schlagzeug mitspielte. Im April 2021 feierte Enke seinen 80sten Geburtstag. Uschi Glas glänzt als Barbara in dem legendären Film mit einem Striptease und steuert inzwischen auch auf ein höheres Altersranking zu.

Ach ja, *die 68er*. Wie der Film, lud auch die Kommune I zu Kommentaren und vor allem zum Fantasieren ein. Was sich bei diesem Zusammenleben wohl alles abspielt? Von ihren Protagonisten schied der bereits genannte Fritz Teufel 2010 dahin – er erreichte nicht die 70-Jahre-Schwelle. Dieter Kunzelmann verließ 2018 als 78er die Welt. Glücklicherweise konnte man aber Uschi Obermeier 2021 zu ihrem 75sten Geburtstag gratulieren. Erhoffen wir für sie, für alle anderen aus dieser versunkenen Zeit, wie für uns selbst noch manchen nächsten Frühling. Ach – Frühling!

Verweilen wir noch ein wenig in diesen fernen Jahren. Im April 1968 kam in New York das Musical *Hair* auf die Bühne und wenige Monate später auch in Deutschland. Man besang Sodomie, Fellatio, Cunnilingus, Pederasty und verkündete: *Masturbation can be fun.*

In England musste wegen solcher »Obszönitäten« erst ein Gesetz aus dem Jahr 1737 geändert werden, damit das Stück in London aufgeführt werden konnte. Wir zwei saßen in Berlin im Publikum – die meisten davon mit Schlips und Kragen und im kleinen Schwarzen oder in anderer Weise bürgerlich gekleidet. Man wiegte sich mit den Melodien – komponiert vom ehemaligen Kirchenmusiker Galt MacDermot –, verstand wohl meistens nicht so recht, was da gesungen wurde, fand es aber richtig toll. Kurzer Blick auf unsere Zeit: Für den 17. Juni 2021 war eine Hair-Premiere im Berliner Admiralspalast angekündigt. Sie fiel nicht der Prüderie, sondern Corona zum Opfer.

Im August 1969 kamen in Woodstock an die 400.000 zumeist junge Sies und Ers zusammen und feierten drei, vier Tage lang in einer Weise, wie es sie zuvor noch nie gegeben hatte. Joan Baez, Joe Cocker, The Who und viele andere brachten die Masse zum Taumeln, aber auch zum Denken. Jimi Hendrix zersägte zum Schluss mit seiner E-Gitarre die amerikanische Nationalhymne *The Star-Spangled Banner*. Das hörte sich an wie Bombendetonationen in Vietnam, die für das Festival wie auch für die Aktion *Bed-In for Peace* von John Lennon und Yoko Ono den makabren Hintergrund gaben.

Wir Herbstler von heutzutage reagierten damals auf diese völlig neue Szenerie und Lebensstimmung ganz unterschiedlich. Die einen wurden mitgerissen, liebten die Musik und riefen *Ho, Ho, Ho Chi Minh!* auf Friedensdemonstrationen. Die anderen fanden das Getue total überzogen, realitätsfremd oder gar abstoßend. Gleichgültig blieb jedenfalls kaum jemand, und die Lebenswelt gewann seitdem für alle einen anderen Klang. *I can't get no satisfaction* – warum eigentlich nicht? Die in diesem Jahrzehnt entwickelte Antibabypille wurde zu einem Massengut – wie dieser Song der Rolling Stones.

Heinrich Lübke – 1894 geboren – amtierte damals als Bundespräsident und personifizierte das bürgerliche Kontrastprogramm zu diesem Aufbruch. Legendär sein *Equal goes it loose* zur britischen Königin kurz vor dem sogenannten Großen Zapfenstreich bei deren Staatsbesuch. Hat er das wirklich gesagt? Ähnlich unvergesslich das *Heini, wir geh'n zu Bett* seiner Ehefrau Wilhelmine am Abend eines Staatsbanketts. Kann man das glauben? Heinrichs Gattin sprach allerdings und wie zum Ausgleich zu seiner Sprachsprödigkeit fließend englisch, französisch, italienisch und spanisch – und das war kein Gerücht. Mit 73 Jahren begann sie zudem, auch noch russisch zu lernen.

Noch ein Rückblick auf diese entschwundene Zeit. 1961 reüssierte der Musicalfilm *West Side Story*. Rita Moreno spielt darin Anita, eine junge puerto-ricanische US-Einwanderin, wofür sie einen Oscar bekam. Dezember 2021: Von Steven Spielberg neu verfilmt, hat das Musical zum zweiten Mal Premiere auf der Leinwand. Darin: Rita Moreno als nunmehr Neunzigjährige – ihr Lebensalter, nicht unbedingt Filmalter. Spielberg, Jahrgang 1946, hat als Herbstler offenbar Sinn für Kontinuitäten.

Nun aber endlich zur Sache. Was jedoch ist (noch?) Sache bei Herbstpaaren? Günter Grass[3] näherte sich der Antwort tänzerisch:

---

3 Günter Grass: Zuletzt drei Wünsche. Erschienen in Letzte Tänze. © 2003, Steidl Verlag, Göttingen. Abdruck mit freundlicher Genehmigung des Steidl Verlages.

ZULETZT DREI WÜNSCHE

Komm, tanz mit mir, solang ich noch bei Puste
und von den Sohlen aufwärts existiere.
Was ich von Kindesbeinen her an Wechselschritten wußte,
ist mir noch immer wie das ABC geläufig,
doch pocht in linker Wade häufig
ein Schmerz, den ich im Ruhestand verliere.
Drum bitt ich dich um eine Pause Toleranz,
bis ich gelenkig bin zum nächsten Tanz.

Komm, lieg mir bei, solang mein Einundalles steht
und wichtig tut, als stünd er zum Beweis,
worum in aller Welt es laut Statistik geht:
nah dem Polarkreis, in der Wüste Gobi koitieren
selbst Greise noch, bevor sie kollabieren
und suchen Lustgewinn um jeden Preis.
Drum bitt ich dich, Geduld als Stütze zu begreifen,
bis er – du staunst – beginnt, sich zu versteifen.

Komm, sieh mir zu, ob ich den Kopfstand schaffe,
und aus verkehrter Sicht die Dinge rings erkenne,
wie ich schon immer schräg von oben als Giraffe
und schräg von unten aus des Menschenwurmes Blick
mir reimte, was behinderlich dem Glück
und was zuerst auf Erden war: das Ei? Die Henne?
Drum bitt um Nachsicht ich, wenn meine Kopfständ gleichen
letztendlich einem Fragezeichen.

Komm tanz, lieg bei, sieh zu und staune,
was mir noch möglich ist bei Gunst und Laune.

Sie erinnern sich? *Tanzen ist übrigens nachweisbar eine der besten Aktivitäten, gemeinsam Körper und Geist zu stärken* vermerkten wir bereits ziemlich zu Beginn des Buchs. Grass wusste das offenbar, als er dieses Gedicht 2003 in *Letzte Tänze* veröffentlichte. Und die Bedeutung von Gehirndurchblutung war ihm wohl ebenfalls präsent – Hand- statt Kopfstand leistet das aber vermutlich auch.

Er war damals um die 75 Jahre alt, hätte also auch zu unserem Herbstler-Leserkreis gehören können, wenn wir denn dies hier entsprechend früher geschrieben hätten. Ihn persönlich kann man beim beeindruckenden Vortrag seiner drei Wünsche per YouTube hören.

Zur zweiten Strophe des Gedichts fällt manchem sicher Goethes *Wer immer strebend sich bemüht ...* ein. Dieser hat aber zum Thema außerdem noch etwas beizutragen, bewegt allerdings mehr von poetologischer als von physiologisch-psychologischer Besorgnis:

GIB MIR

Gib mir statt »der Sch...« ein ander Wort, o Priapus!
Denn ich als Deutscher, ich bin übel als Dichter geplagt.
Griechisch nennt ich dich Phallos, das klänge doch prächtig den Ohren,
Und lateinisch ist auch Mentula leidlich ein Wort.
Mentula käme von Mens, der Sch... ist etwas von hinten,
Und nach hinten war mir niemals ein froher Genuß.

der Sch... – ein wenig genierlich war der Dichter denn doch. Aber hätten Sie von unserem klassischen Genius diese Verse erwartet? Na schön – Sturm und Drang, hier wohl eher Drang.

Was aber nun vermag uns ein führender Klinischer Psychologe und Sexualtherapeut zu lehren? Ziehen wir sein Werk *Die Psychologie sexueller Leidenschaft* zu Rate. Der Autor heißt Schnarch – dazu enthalten wir uns jeden Kommentars. Aber wir können doch nicht widerstehen. *Schnarch und Leidenschaft* hört sich einfach zu gut an. Ähnlich wie Tolstois *Krieg und Frieden*, nur mit gedrehtem Dynamikakzent. Doch zurück zum Ernsthaften.

Leidenschaft: *... Bezeichnung für ein besonders starkes ... Streben mit manchmal an Besessenheit grenzenden Begleiterscheinungen.* (Fröhlich, 2008, S. 303)

Das Buch von David Morris Schnarch, US-Amerikaner, ist äußerst lesenswert. Ein wunderbarer Satz daraus: *Die Schönheit der Sexualität liegt nicht in ihr, sondern in uns.* Und: *Wir sind zu intensiven sexuellen Erfahrungen fähig, die sich nicht in den rein körperlichen Entsprechungen des Organismus wie Nervenimpulsen oder Muskelkontraktionen niederschlagen müssen.* (Schnarch, 2020, S. 90, 95).

Für uns Herbstler ist vor allem diese Erkenntnis entscheidend: *... was das menschliche Liebesleben im eigentlichen Sinne angeht, können Siebzehnjährige gesunden Sechzigjährigen nicht im entferntesten das Wasser reichen ..., egal, ob Mann oder Frau.* (Schnarch, 2020, S. 91). Dabei setzen wir die obere Altersangabe ganz entschieden höher an, besser – wir lassen sie offen. So sind wir mit Arnold H. Lanz und seinem Buchtitel *Sex Ü60. Sex mit 60, 70, 80, 90 – Erotik ohne Ablaufdatum* völlig einig.

Wesentlich für die Möglichkeit zu reicherer *Liebesfähigkeit im Alter* ist laut Schnarch der dann in der Regel höhere Grad an Differenziertheit, was *... bedeutet, zwei elementare Lebenskräfte in Einklang zu bringen, das Bedürfnis nach Individualität und das Bedürfnis nach dem Miteinander.* (Schnarch, 2020, S. 66). Und: *... Krisen sind für die Partner eine Chance, ihr Liebesleben zu bereichern, in ihrer persönlichen Entwicklung voranzukommen und ihre Zufriedenheit mit der Beziehung zu steigern.* (Schnarch, 2020, S. 54).

Dabei gilt es vor allem, an sich selbst zu arbeiten und nicht zu versuchen die/den andere(n) umzumodeln. Bin ich mit mir selbst im Einklang? An welchen eigenen Schwächen muss ich arbeiten? Bin ich im Zweisamen offen genug? Wenn beide sich in dieser Weise fokussieren, wird die Gemeinsamkeit gestärkt.

Was geht unseren Herbstlern durch den Kopf, wenn ihnen das Wort »Sex« präsentiert wird? In Hinsicht auf die Bedeutung für die eigene Beziehung in der gegenwärtigen Lebensphase sind im Verhältnis von 4 zu 5 zu 1 *drei Aktivitätsgruppen* auszumachen:

Für die *erste* gehört Sex mit nur wenigen Abstrichen im Vergleich zu früheren Jahren zu ihrer Liebe. Sie erleben Nähe und Erfüllung und freuen sich, begehrt zu sein.

In der *zweiten* – etwas größeren – Gruppe hat Sex zwar nicht mehr den Rang von einst, ist aber immer noch von Belang. Man beschreibt ihn als zärtlicher, stiller, intimer, aber auch als schwieriger.

Die dritte und kleinste Gruppe schließlich hat mit dem Thema abgeschlossen: *Es ist vorbei. – Wir müssen nicht mehr.*

Dann zeigen sich noch *zwei Assoziations-Schwerpunkte*: Den einen kennzeichnen Schlagworte wie Begierde, lustvoll, Verlangen, Höhepunkt, Orgasmus. Beim anderen fügen sich grotesk, demonstrativ, abgedroschen, auspeitschen, Pornografie zu einem nahezu karikaturhaften Bild. Bemerkenswert: Es sind die Frauen, die sich zu alldem offenherziger äußern.

Lustvoll, liebevoll, zum Orgasmus kommen. Ist seit drei, vier Jahren nicht mehr so wichtig, aber die Nähe schon. (Sie, 62 Jahre, Paar 2)

Ist mehr das körperliche Umsetzen von Erotik. Ist für uns – ich sage bewusst uns – kein Leistungssport. Muss so und so lange dauern, so und so oft – nö. Das ist mit Sicherheit so, dass wir gleich drüber denken. Diese Männer aus 'nem Vorstand mit 'nem Hundehalsband um – ist ja zum Lachen. (Er, 65 Jahre, Paar 2)

Beim Mann ist das ja auch nicht mehr soo dolle wie früher. Es ist alles zurückhaltender. (Sie, 62 Jahre, Paar 7)

Sex find' ich total wichtig. Wird aber in meiner Definition immer schwieriger. Früher über Tisch und Bänke so irgendwie. Das lässt ja so ein biss-

chen nach. Das find' ich eigentlich schade. Am Sex muss man echt arbeiten. (Er, 65 Jahre, Paar 10)

Ist nicht das Wichtigste, spielt aber natürlich eine Rolle, klar. Was auch sehr schön ist. Wenn's klappt, klappt ja nicht immer. (Sie, 73 Jahre, Paar 14)

Dass man noch spontan Sex macht. Dass man noch immer Sachen ausprobiert, damit es nicht langweilig wird. Dass es im Alter was nachlässt, aber man es noch gerne tut. Weil man den Körper seiner Partnerin noch so liebt, wie vorher. (Er, 68 Jahre, Paar 5)

Spaß, Freude. Manchmal kann es auch negativ sein. Alles, was sozusagen abartig ist oder so, lehne ich ab. Macht aber immer noch Spaß. (Sie, 75 Jahre, Paar 16)

Geplant - also nicht einen Tag voraus. Das beruht dann auf Gegenseitigkeit. Hab' ja Prostatakrebs, und von daher ist das ja noch eine ganz andere Geschichte. Auch von der Psyche her. (Er, 73 Jahre, Paar 14)

Nur mit dem Vertrauten Sex haben. Es ist ein abgedroschenes Wort, ich mag es eigentlich nicht. In meinem Alter hat man weniger Freude daran, hab' kaum Verlangen danach. (Sie, 81 Jahre, Paar 4)

Was soll ich sagen? Körperlichkeit. Ist nicht unbedeutend - Erlebnis und Zufriedenheit. Ich hab' da keine Schwächen mehr und es klappt, sagen wir mal so. (Er, 75 Jahre, Paar 15)

Dass man da den Körper fühlt, die Wärme. Tut auch mal gut - die Lebensfreude. (Sie, 85 Jahre, Paar 8)

An jeder Ecke gibt es Sex, ist alles so demonstrativ. Ist was Eroberndes, Grobes. Erotik ist mir lieber. (Er, 85 Jahre, Paar 1)

Auch das Wort »Sex« wurde im Semantischen Differential eingestuft, wobei dieselben Wortpaare zum Einsatz kamen, wie zuvor zu Liebe. Somit können wir beide Profile miteinander vergleichen (▸ Abb. 8.1).

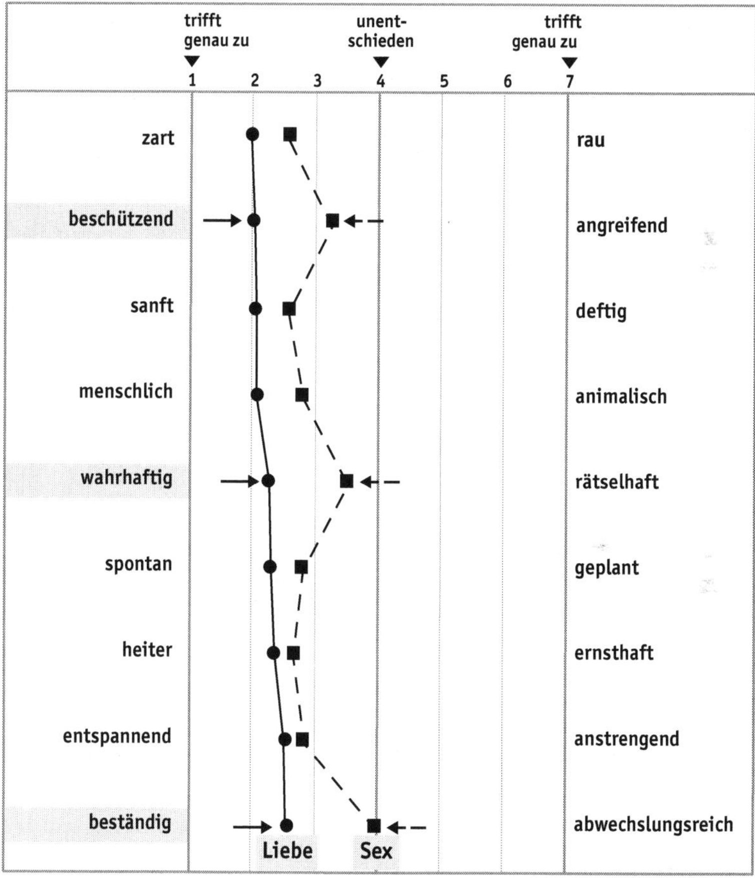

Abb. 8.1: Erlebnisprofil »Liebe« und »Sex« bei den treffendsten »Liebe«-Charakterisierungen

Liebe ist stärker als Sex – kann man den Profilvergleich nicht auf diese Formel bringen? Sex wird zwar mit denselben Items in Verbindung gebracht wie Liebe, doch durchweg in geringerem Maße. Die Verwandtschaft zwischen beiden ist am größten in punkto *heiter* und *entspannend.* Auch bei *spontan* ist der Rückstand von Sex gering. Deutlich mehr als einen vollen Skalenpunkt driften die Profile aber auseinander, geht es um *beständig, wahrhaftig* und *beschützend.*

Beim Vergleich zwischen Frauen und Männern zeigen sich bei einigen Wortpaaren Einstufungsdifferenzen. Verbinden die Sies mit Sex betonter *beständig,* so die Ers eher *abwechslungsreich. Gewährend* und *romantisch* haben einen stärkeren weiblichen, *entspannend* einen männlichen Akzent. Für die Ers wirkt Sex *ursprünglich* und *klar,* für die Sies dagegen eher *kultiviert* und *geheimnisvoll.*

Lösen wir uns nun wieder von der Trennung nach Geschlechtern und prüfen, bei welchen Wortpaaren die individuellen Einstufungen auf der Skala am weitesten auseinanderdriften. Auf diese Weise konnten wir bei Liebe ja die konträren Gruppen der Realisten und Romantiker herausfiltern. Geht es um Sex, so erkennen wir als vergleichbaren Kontrast den zwischen *Egoisten* und *Altruisten* (▶ Abb. 8.2). Sie stehen sich im Verhältnis von 3 zu 4 gegenüber, und die restlichen drei Zehntel lagern sich dazwischen.

Die *Egoisten* verbinden mit Sex explizit *egoistisch, abwechslungsreich, fordernd* und *mutig.* Mit *altruistisch, beständig, gewährend* und *vorsichtig* halten die *Altruisten* eklatant dagegen. Der Brückenschlag zum Geschlecht ist insofern gegeben, dass mehr Männer als Frauen Sex egoistisch sehen und sich das beim Altruistischen umgekehrt verhält. Es gibt aber durchaus auch egoistische Sies und altruistische Ers. Wo ordnen Sie sich ein?

Doch Vorsicht: Die Trennung zwischen diesen beiden Gruppen besagt keineswegs, dass sich alle Egoisten beim Sex entsprechend verhalten und die Altruisten dabei durchweg selbstlos sind. Es geht vielmehr darum, wie man das Wort »Sex« erlebt bzw. interpretiert. So gibt es Herbstler, die das Wort mit *egoistisch* und *fordernd* verbinden, es aber gerade deshalb als negativ ablehnen: *Mit*

Sex will ich nichts zu tun haben, aber mit Erotik schon. Über Erotik werden wir im nächsten Kapitel eingehend zu sprechen haben.

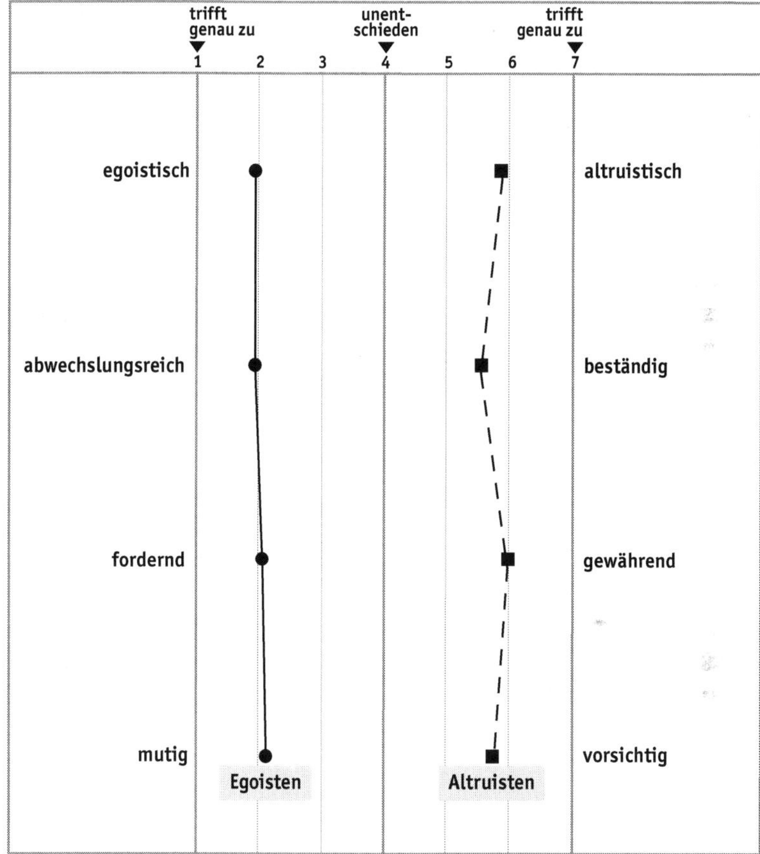

Abb. 8.2: Erlebnisprofil »Sex« – Egoisten versus Altruisten

Bereits die spontanen Kommentare von einigen unserer Herbstler hatten auf die grobe Komponente von Sex gezielt. Befassen wir uns ein wenig näher mit ihr. Pornografie ist ein Teil davon. Das Duden-Herkunftswörterbuch erläutert (2007, S. 619):

> **Pornografie:** *Die Bezeichnung für die einseitige Darstellung sexueller Akte in Sprache und/oder Bild. ... aus griech. pornográphos, jemand, der über Prostituierte schreibt.*

Streifte man als männlicher Tourist durch Paris, wurden einem noch Anfang der 60er Jahre des vorigen Jahrhunderts in der Rue St. Denis oder in den Bars rund um Pigalle von zwielichtigen Gestalten augenzwinkernd »filthy pictures« angeboten. Die meistens mehr oder weniger ärmlichen Erzeugnisse entstanden damals wohl oft quasi handwerklich in vermutlich schmuddeligen Räumlichkeiten.

Welch ein Wandel: Die heutige Pornoindustrie agiert weltweit, ihre Hochglanzprodukte entstehen zumeist mit höchster Professionalität und bedienen einen Massenmarkt. Nun ja – soll sein, wenn es denn scharf macht, die üblen kriminellen Varianten ausgeklammert.

Aber nicht nur die Anbieterseite hat sich gewandelt. Auch das Verständnis davon, was denn als pornografisch empfunden wird, ist anders geworden. Ähnliches gilt für Prostitution, Homosexualität und vieles mehr. Blick zurück auf das Jahr 1951. Der Film *Die Sünderin* kommt in die Kinos. Hildegard Knef spielt darin eine ehemalige Prostituierte und ist für einen kurzen Augenblick in dezenter Nacktheit als Malermodell zu sehen. Es geht zudem um Selbstmord und Sterbehilfe, also um ein ganzes Bündel damaliger Tabuthemen.

> **Tabu:** *... (social taboos) ... von Sanktionen bedrohte Handlungen, Gedanken und Wünsche, die gegen Gruppennormen bzw. kulturelle Normen verstoßen.* (Fröhlich, 2008, S. 472)

Josef Kardinal Frings, der Erzbischof von Köln, ruft in einem Hirtenbrief zum Protest gegen den Film auf. Plakate werden zerrissen, Schaukästen demoliert, Stinkbomben und weiße Mäuse von erregten Menschen in den Vorführsälen freigesetzt. Gegen die Protestierenden kommen Wasserwerfer zum Einsatz, und die Rheinische Post fragt in einer Headline: *Muss Polizei einen Schundfilm schützen?*

Ein Sprung in das Jahr 1973. In Deutschland ist *Der letzte Tango in Paris* mit Marlon Brando und Maria Schneider zu sehen. Darin: Nacktheit und Sexszenen lang und satt. Die ausgelöste Erregung findet dann vornehmlich im Lager der Filmkritiker statt, wobei es mehr um Fragen des Filmkonzepts und der Ästhetik geht und allenfalls gemäkelt wird im Sinne von ›Muss das denn wirklich so drastisch sein?‹. Nennenswerte Protestaktionen sind jedenfalls kaum zu registrieren.

Das liegt nun bereits fast ein halbes Jahrhundert zurück. Heutzutage sind Beischlafszenen auch in »seriösen« Filmen fast eher die Regel als die Ausnahme. Doch ein Hinweis bei aller Liberalisierung sei gestattet: Eine Rolle rückwärts zu einer Art Prüderie 4.0 möchten wir keineswegs ausschließen. Auch hierfür gilt: Nichts ist unumkehrbar, nichts. Zu hoffen ist allerdings, dass man sich nicht bis zum Jahr 1893 zurückentwickelt. Da schrieb der bereits erwähnte Richard von Krafft-Ebing in seiner *Psychopathia Sexualis*, die sich an ein Fachpublikum richtete: *Ausserdem schien es geboten, einzelne besonders anstößige Stellen statt in deutscher, in lateinischer Sprache zu geben.* (1893, S. V).

Ich träume, mit offenen Augen, ich träume – Geliebte von dir singt schmelzend der Tenor in Eduard Künnekes Operette *Die lockende Flamme.* 1933 war deren Premiere – ab diesem Jahr hätte man sicher gerne für eine Weile die Augen vor vielen Dingen geschlossen. Aber: Mit offenen Augen von der Geliebten träumen und sie mit geschlossenen lieben? Und beim Sex dann – Augen zu und durch?

David Schnarch: *Wenn man während des Vorspiels emotional distanziert ist, verringert sich die Wahrscheinlichkeit, dass man die Augen beim Sex offenhalten will. ... Umgekehrt führt eine emotionale Verbundenheit beim Vorspiel dazu, dass man gerne die Augen offen hält und dabei keine Verlegenheit empfindet.* (2020, S. 273). Er verweist dann auf Donald Mosher – ebenfalls ein US-amerikanischer Psychologe – und dessen *drei Kategorien* für die innere Haltung *beim Sex.*

Sexuelle Trance: Man ist sozusagen ganz bei sich und konzentriert auf die eigenen körperlichen und sinnlichen Empfindungen. Partnerschaftlicher Blickkontakt würde eher stören. Das gilt eindeutig bei einem hohen Tranceniveau. Es ist eher die Ausnahme, dass beide Beteiligte den Akt gleichzeitig in dieser Weise erleben. Oft fühlt sich einer von beiden gleichsam zurückgelassen, wenn nicht sogar benutzt.

Rollenspiel: Sex ist eine Art Bühne, auf der man agiert – eventuell mal als diese/r, mal als jene/r. Wenn das beide mögen, hat man Spaß, kommt aber kaum zu einer inneren Verbindung. Blickkontakte ja oder nein – je nach Rolle. Schaut man sich in die Augen, wenn Rasputin angesagt ist – *Ra-Ra-Rasputin, Russia's greatest love machine*? Zu denken ist nicht nur an solche Inkarnationen oder die spiegelbildliche und fast karikaturhafte Trias von Kindfrau-Hure-Domina/Macho-Freier-Sklave. Auch der liebende Gatte kann rollenhaft gegeben werden, wie die verständnisinnige Gattin. Wenn sie es wirklich sind, gehören sie zu unserer dritten Kategorie.

Partnerbezogenheit: Man möchte den/die Partner/in und sich selbst immer wieder »erkennen«. Sex ist integrierte Komponente der Gemeinsamkeit, die sich auch in vielen anderen Bereichen entwickelt hat. Man schaut sich in die Augen.

Diese drei Kategorien können auch als Sex-Stile verstanden werden. Wie bei solchen Gliederungen fast immer: In der Realität bestehen sie eher selten in reiner Form – es gibt sie in verschiedenen Ausprägungen, als Mischungen, als mal-dies-mal-jenes. Gerade solche Variationen zeigen: Ein Paar sollte sich nicht als festgefahren begreifen, wenn ein Sexstil bislang dominiert und es sich weiterentwickeln möchte. Übung macht auch hier den Meister wie die Meisterin – wobei es nicht um Technifizierung, sondern um innere Flexibilität und Bereitschaft geht.

Zuweilen gilt: Der Geist ist willig, aber das Fleisch ist schwach. Diesen Bibelspruch haben wir hier zwar nahezu unverzeihlich profaniert, doch er bringt Sorge und Erlebnis mancher Herbstler auf den Punkt. Wieder einmal die Frage: Was tun?

An Ratschlägen herrscht kein Mangel. Sie reichen von Massagen und gezielten körperlichen Fitness-Übungen (*Hirschübung für den Mann!*), über Meditation und fernöstliche Gebräuche, bis hin zu Mittelchen vielerlei Art. So empfiehlt A.H. Lanz in *Sex Ü60* für Damen Ingwer (Zingiber officinale) und Ashwagandha (Schlafbeere), für Herren Ginkgo biloba Epimedium und Muira puama (Ptychopetalum olacoides), sowie für Ihn wie Sie Tribulus terrestris und Damiana (turnera diffusa). Uns erscheint das alles ein wenig diffus. Jedoch: Nur Flachseeforscher finden Venusmuscheln. Einen Hinweis auf die Spanische Fliege vermissten wir bei Lanz, und das ist auch gut so. Denn laut www.generischespotenzmittel.net wurde das aus einem zerriebenen metallisch-grünen Käfer gewonnene Pulver (Cantharidin) bereits in der Antike nicht nur für geschlechtliche Stärkung, sondern auch für Meuchelmorde genutzt.

Die spanische Fliege – so heißt ein Schwank von Arnold und Bach, der 1913 das Licht der Bühnenwelt erblickte. Die so benannte Tänzerin Lolita bringt in einer Kleinstadt den Senffabrikanten Ludwig Klinke mit einem Techtelmechtel früherer Jahre in Bedrängnis. Die Klinke-Gattin ist passender Weise Präsidentin des örtlichen Mutterschutzbundes, womit sich das Tableau zwischen bürgerlicher Verkrampfung und sexueller Entgleisung komplettiert.

Angesichts der Fülle möglicher Stimulantien sei davor gewarnt, sich bei der Auswahl zu vergreifen. So hat für Mönchspfeffer (Vitex agnus-castus) – die Arzneipflanze des Jahres 2022 – zwar *die Forschung ergeben, dass (er) ... die Sexualhormone beeinflusse ...* Aber: *Er senke das Prolaktin im Körper, wodurch eine dämpfende Wirkung auf das sexuelle Verlangen bei Frauen und Männern ... erklärt werden könnte.* (Frankfurter Allgemeine Zeitung, 10.12.2021). Gut für Zölibatäre also – ob Mönch oder Nonne – und wohl eher seltener für Herbstler.

Woraus speist sich eigentlich das Faible des Autorenpaars für Theater und Poesie? Beider Väter waren Schauspieler, und sie selbst standen in jungen Jahren mit kleinen Rollen auf der Bühne. Der Weg in diesen Beruf schien damit bereitet. Doch Anne wie Dieter entschieden sich – noch getrennt voneinander – für die Psychologie, um damit einen Blick hinter die Kulissen zu gewinnen.

Sind wir dafür also zu Experten geworden, so für das weite Feld der Stimulantien nicht. Möge ein jeder also das ihm individuell Gemäße ertesten, wobei natürlich auch die einschlägigen Angebote der Pharmazie zu bedenken sind.

EINPHALL

Ich sing das Lob der Pharmazie
denn ohne sie
könnt ich wohl nie
des Lebens Lust genießen.

Ich war im Bett und in der Welt
ziemlich verklemmt
mehr Zwerg als Held
wie soll'n da Kräfte sprießen?

Du hast die Lösung miterlebt
empfunden was mit Pille geht
der Schwache wieder aufrecht steht
und frische Säfte fließen.

Wo ein Wille ist, ist auch ein Weg, und viele Wege führen nach Rom. Penetration muss da nicht der Königsweg sein – verzeihen Sie das schiefe Bild –, es sei denn bei der Zeugung. Aber wie oft zeugen wir? Zumal im Lebensherbst.

9

Zärtliche Erotik

In der griechischen Mythologie ist Eros der geflügelte Sohn von Aphrodite und Ares. Die Göttin der Liebe empfing ihn also vom Kriegsgott. Bereits diese Herkunft veranschaulicht die Vielschichtigkeit von Erotik. Halten wir als eine erste Einsicht fest, die uns das Mythologische vermittelt: Hingabe und Aggression schaffen gemeinsam das Sinnliche.

Im Sinnlichen ist beides gleichsam genetisch enthalten. Masochismus und Sadismus haben als Extremformen darin ihre Wurzeln. Zwischen diesen Polen oszillieren in der Liebeswirklichkeit die unterschiedlichsten Varianten, Ausprägungen, Mischungen. Als Hinweis: Krieg – für den hier Ares steht – schließt Tod und Vernichtung ein. Und so hat für Freud auch der Todestrieb bei den Gedanken zur Sexualität seinen Platz. Auf dass wir von ihm verschont bleiben.

Masochismus: *... Sexuell erregende Phantasien, Verhaltenstendenzen oder Verhaltensweisen, die zum Inhalt haben, gedemütigt, geschlagen, gefesselt zu werden oder andere schmerzhafte Erfahrungen zu machen.* (Fröhlich, 2008, S. 314)

Sadismus: *Andauerndes und wiederkehrendes Vorherrschen von Wünschen, Phantasien oder manifester Handlungen, die sexuelle Erregung vermitteln, indem anderen Personen Schmerz oder psychisches Leid ... zugefügt wird.* (Fröhlich, 2008, S. 419)

Beide Bezeichnungen halten die Namen von zwei Schriftstellern vergangener Jahrhunderte lebendig. Der eine: Leopold von Sacher-Masoch ... *dessen Romane und Novellen die Darstellung dieser Perversion zum Lieblingsgegenstande haben* – so Krafft-Ebing (1893, S. 57), der »Erfinder« von Masochismus und Sadismus. Und der andere: Alphonse F. Marquis de Sade ... *dessen Romane von Wollust und Grausamkeit triefen* – wie Krafft-Ebing sicher stirnrunzelnd auf Seite 89 seines Werks vermerkte. Beide schon so lang dahingesunkene Autoren schrieben gewissermaßen begriffsnah. Vielleicht lesen Sie einmal *Venus im Pelz* des einen oder *Die 120 Tage von Sodom* des anderen, um sich kundig zu machen. Sollten Sie eher zu den visuellen Typen gehören: Den Sodom-Titel gibt es auch als Film von Pier Paolo Pasolini.

Soviel zu möglichen Abirrungen. Mit Pornografie – von der wir bereits sprachen – haben sie viel, mit zärtlicher Erotik dagegen nichts zu tun. Deshalb weiter mit dem Mythologischen. Der göttliche Liebesbote Eros vereinigte sich nämlich als Jüngling mit Psyche, einer irdischen Königstochter und zeugte mit ihr Hedone – die Göttin der Lust (jetzt wissen wir auch, wovon sich Hedonismus ableitet). Zum Lohn wurde Psyche später vergöttlicht.

Hedonismus: *... Suche nach Lustgewinn und der Vermeidung von unlusterzeugenden Erfahrungen.* (Fröhlich, 2008, S. 234)

Psyche: *Seele, Seelenleben. ... aus griech. psyché Hauch, Atem, Seele entlehnt.* (Duden. Herkunftswörterbuch, 2007, S. 637)

Psychisch, Psychologie sind – in der Schreibweise variiert – in so gut wie allen geläufigen Sprachen Alltagsbegriffe. Und die Erkenntnis? Aus der Vereinigung von Sinnlichkeit und Seele erwächst Lust. Auch das nun wieder im Individuellen mal dem einen, mal dem anderen der beiden Pole zuneigend oder in der Ausformung irgendwo dazwischen.

Aber ist es nicht beeindruckend, wie der menschliche Geist weit vor aller zeitgenössischen Seelenkunde Geschichten ersann, die sein eigenes Hoffen und Erleben bei der Liebe ins Bild setzen? Jede Wette, dass man sich damals in Aphrodite und Ares, in Eros und Psyche und in all die anderen Himmelsgestalten so hineinträumte, wie heutzutage in die Stars der eigenen Wahl.

Mythos: *... überlieferte Dichtung, Sage, Erzählung o.Ä. aus der Vorzeit eines Volkes (die sich bes. mit Göttern, Dämonen, der Entstehung der Welt, der Erschaffung des Menschen befasst).* (Duden. Das Fremdwörterbuch, 2007, S. 689)

In der römischen Überlieferung treten die mythologisch Beteiligten als Venus, Mars, Amor und Voluptas in Erscheinung. Psyche aber behielt ihren Namen. Verweilen wir ein wenig bei dem *Märchen von Amor und Psyche* des Römers Apuleius, weil sie uns noch etwas anderes über die Kraft mythologischer Bilder vor Augen führt. *Zauberer und Gaukler, Priester und Philosoph, Redevirtuose und Universalgelehrter und, vor allem anderen, ein Dichter: das alles war Apuleius,* so im Nachwort der Reclamausgabe. Zu Psyche schreibt der Dichter: *Des Mädchens Schönheit war so außerordentlich, so herrlich, dass man sie nicht anschaulich schildern, ja nicht einmal genügend rühmen konnte, weil die menschliche Seele dazu zu arm war.*

Deshalb erkor Amor sie sich zur Geliebten, besuchte sie des nachts bei Dunkelheit, beschwor sie aber, ihn nicht erkennen zu wollen, da sie ihn dann verlieren müsste. Gegenüber ihren beiden älteren Schwestern sprach Psyche von diesem Gebot, schwärmte aber auch vom Geliebten.

Diese ergrimmen vor Neid – kein Wunder, denn die eine über ihren Mann: *Ich aber muss einen Gatten ertragen, der sogar von der Gicht geschlagen und verkrümmt ist. ... Die meiste Zeit muss ich seine verbogenen und zu Stein versteiften Finger einreiben, verätze mir dabei mit stinkenden Umschlägen, schmutzigen Lappen und garstigen Pflastern meine so zarten Hände.* Und die andere: *Aber ich Unglückliche habe erstens einen Mann erwischt, der älter als mein Vater ist, zweitens kahler als ein Kürbis und schmächtiger als jedes Knäblein.*

Hoffen wir, dass weiße alte Männer mit schönen jungen Frauen von diesen innerlich nicht ähnlich kommentiert werden. Um nicht anzuecken: People of Color schließen wir in diese Hoffnung ein.

Zum Verderben von Psyche tun sich die neidvollen Schwestern zusammen und flüstern ihr ein: *Wir haben nämlich für Wahrheit herausgefunden – ein ungeheurer Drache, der in vielverschlungenen Windungen dahinkriecht, mit giftigem Geifer seinen Hals blutig bespritzt und klaffend seinen weiten Rachen aufreißt – er ruht nachts heimlich an deiner Seite.*

Ist das nicht ein eindringliches Bild vom Bedrohlichen, Überwältigenden und geradezu Vernichtenden, das auch in Sexualität steckt?

Machen wir es kurz: Psyche bewaffnet sich zwar mit einem *haarscharf geschliffenen Messer*, um den vermeintlichen Drachen zu morden, erkennt jedoch bei Licht Amor als ihren Geliebten, der dann – wie angekündigt – entflieht. Für beide ergibt sich aber doch noch ein Happyend, wohingegen die schnöden Schwestern grässlich dem Tode verfallen, was sicherlich auch den heutigen Leser noch erfreut erschauern lässt.

Da sich von Amor nur amourös, von Eros aber erotisch ableitet, bleiben wir lieber beim Griechischen:

> **Erotisch:** *... die gefühlsmäßigen, psychischen und ästhetisch-künstlerischen Aspekte der Liebe bzw. sublimierte Formen der Sexualität. ... heute häufig Kennzeichnung aller Reize, Motive und Vorstellungen, die sich auf die sexuelle Erregung bzw. Sexualobjekte beziehen.* (Fröhlich, 2008, S. 178)

Ziehen wir noch Sigmund Freud zu Rate, der Eros als Lebenstrieb verstand: *Es sind ... zwei Strömungen ..., deren Vereinigung erst ein völlig normales Liebesleben sichert, die wir als die zärtliche und die sinnliche voneinander unterscheiden können. Von diesen beiden ist die zärtliche die ältere.* Warum? *Sie stammt aus den frühesten Kinderjahren, hat sich auf Grund der Interessen des Selbsterhaltungstriebs gebildet.* (Bd. VIII, 1969, S. 79).

Wenn wir uns auch als Herbstler nach Zärtlichkeit sehnen, ist das also schlicht eine Frage des Selbsterhaltungstriebs. Ahnten Sie das eventuell bereits? Und wenn auch der/die Partner/in diesem Triebe frönt, wird die Gemeinsamkeit perfekt.

Was nun geht unseren reifen Paaren durch den Kopf, wenn sie sich dem Begriff »Erotik« zuwenden? Wie beim Wort Liebe wird auch jetzt intensiv an *Zärtlichkeit* gedacht, jedoch auf eine besondere Weise. *Spielerische Spannung* – so kann man das benennen. Erotik hat für die meisten Herbstler etwas Knisterndes, auch Geheimnisvolles. Fantasie gehört dazu und – für nicht wenige – auch geistiger Austausch. Es sind vor allem einige Frauen, die bedauern, dass dieses Prickelnde in der eigenen Partnerschaft leider abgenommen hat, wenn nicht sogar fehlt. So darf für manche von ihnen auch ein kleiner Flirt durchaus sein, der aber ihre Treue nicht ins Wanken bringt. Flirt mit 75 – ist das nicht super? So spricht man über Erotik:

Spaß, Freude, ein bisschen geheimnisvoll. Freude an einander haben, mit Herzklopfen. (Sie, 60 Jahre, Paar 13)

An Erotik muss man schon arbeiten. Gerade, wenn man sich jetzt schon länger kennt. Wenn man Erotik erleben möchte, muss man mehr dafür tun. Man steht nicht mehr so im Saft. Ich glaube, dass man auch neugierig bleiben muss. (Er, 65 Jahre, Paar 10)

Ist was ganz Zwischenmenschliches für ein Paar. Die Liebe, körperlich zusammen sein, das Erleben zusammen. Alles spielt sich langsamer ab, nicht mehr so euphorisch, impulsiv. Früher: Ein Blick in die Augen – Geschlechtsakt. Heute eine andere Annäherung, langsamer, ruhiger. Sich nahe sein, streicheln. Bis zum Sex ist es noch weit hin, aber Gesten, das Streicheln ist wichtig. (Sie, 62 Jahre, Paar 19)

In jungen Jahren hat man ein anderes Bild davon. Da ist man fordernd, es ist mehr Sport als Gefühl. Im Alter ist es mehr Zärtlichkeit. (Er, 63 Jahre, Paar 19)

Mich schick kleiden. Meine körperlich noch vorhandenen Reize unterstreichen. Sich erforschen (lacht dabei). (Sie, 62 Jahre, Paar 3)

Erotik? Die Nähe meiner Frau und Sex. Man kuschelt noch jeden Abend so ein bisschen, das ist für mich erotisch. Dann ergibt es sich vielleicht auch mal, wo sie was ganz besonders Schickes anhat, was ich toll finde. (Er, 65 Jahre, Paar 13)

Stimmung und Geruch gehören dazu. Habe ich gestern noch erlebt. Ich war wegen irgendwas sauer – mein Mann packt mich und küsst mich. Also: Immer noch erotisch. (Sie, 62 Jahre, Paar 5)

Zärtlichkeit, Ideen haben. Spontan ergibt sich dann was. Mehr Zeit sich füreinander nehmen. (Er, 68 Jahre, Paar 5)

Damit verbinde ich fantasievoll, zärtlich. Einfach schön - auch erfüllend, erwärmend. (Sie, 62 Jahre, Paar 2)

Wenn wir uns anschauen - das ist dann vertraute Erotik. Erotik, das sind Bewegungen. Wenn man verspürt, dass man etwas machen möchte, dann spricht man sich ab. Das beruht dann auf Gegenseitigkeit. (Er, 73 Jahre, Paar 14)

Erotik ist für mich, sich dem anderen hingeben können, was ganz Vertrautes. Mit Liebe, nicht mit Sex. Er ist für mich erotisch - seit 54 Ehejahren! (Sie, 73 Jahre, Paar 14)

Es ist sehr schön, dass es erotische Objekte gibt. Das ist besonders anziehend. Und es macht dann auch Spaß, mit so jemanden verheiratet zu sein. Das ist immer so gewesen. (Er, 78 Jahre, Paar 16)

Jemandem gefallen. Auch, sich schön machen. Ja - Sex natürlich auch. Dass der Begriff auch noch in dieser Lebensphase für mich gilt. Dass der eigene Körper Verfall hat, was ich als sehr ärgerlich empfinde (lacht). Der Körper spielt bei der Erotik aber immer noch eine Rolle. (Sie, 75 Jahre, Paar 15)

Das baut sich auf. Der erste Blick ist ja schon erotisch. Man kann dann schon sagen: Interessant oder nicht interessant. Ohne dass man ein Wort mit der Person gewechselt hat. Wenn man älter wird, dann sind viele Sachen eingefahren. (Er, 79 Jahre, Paar 4)

Spannend, knisternd, geheimnisvoll. So ein Kribbeln. Auch geistig. Das kann manchmal so ein kurzer Flirt sein. Das ist vor allem so was Junges, Frisches. Und jetzt ist es mehr vertraut, gewohnt - nicht negativ gemeint. Hat sehr stark was mit körperlichen Berührungen zu tun. (Sie, 85 Jahre, Paar 1)

Ist ein Anreiz irgendwie. Durch Erotik wird man angereizt oder reizt an. Es ist anziehend und verbindend. Im Grunde fast das Gleiche wie früher.

Es kommt auf die Situationen an. Ist jetzt bedachter, vielleicht auch beschützend. Nicht eben so hasardierend. (Er, 78 Jahre, Paar 20)

Weniger das Äußere wirkt auf mich, eher die Stimme und auch die Klugheit. (Sie, 85 Jahre, Paar 11)

Körperlich zärtlicher Umgang miteinander. Spielt immer noch eine große Rolle. Nicht mehr ganz so spontan und prickelnd, wie das früher mal war. (Er, 86 Jahre, Paar 3)

Wenn wir dann das Erlebnisprofil von »Erotik« an den Einstufungen messen, die für Liebe maßgebend sind und das entsprechende Profil von Sex hinzunehmen (▶ Abb. 9.1), ist zu sehen:

Erstens: Das Profil von Erotik nähert sich dem von Liebe mehr an als jenes von Sex. Das gilt insbesondere für *zart*, aber auch für *sanft* und *menschlich.*

Zweitens: Bei *wahrhaftig* und *beschützend* liegt Liebe sehr deutlich vor Sex, aber auch Erotik bleibt in Distanz.

Drittens: Erotik setzt sich bei *abwechslungsreich* klar von Liebe ab (diese: *beständig*), hat dabei aber auch vor Sex einen leichten Vorsprung.

Abwechslungsreich – darin klingt das Prickelnde von Erotik an, was ja die spontanen Assoziationen vieler Herbstler erkennen ließen. Diese Komponente von Erotik tritt noch vielfältiger zu Tage, wenn wir die Platzierungen der drei Begriffe bei weiteren Wortpaaren ins Auge fassen. Außer *abwechslungsreich* gilt für Erotik im Kontrast zu Liebe zudem *geheimnisvoll* und sie bietet mehr bei *romantisch.* Bei *kultiviert, künstlerisch* und *fantasievoll* sind die Differenzen zwar geringer, aber vorhanden zu Gunsten von Erotik. Sex ist bei diesen Items zumeist der kleinere Erotik-Bruder.

Die Einstufungsunterschiede von Erotik zwischen Männern und Frauen sind nahezu durchweg gering. Nur zwei fallen ins Auge: *Ge-*

heimnisvoll erleben die Sies ganz besonders kennzeichnend für Erotik, wohingegen die Ers mehr auf *fantasievoll* setzen. Wollen diese das Neuartige erproben und ihre Partnerinnen das Unbekannte wagen? Die Haltung gegenüber Erotik ist aber ansonsten offenbar weniger eine Geschlechts-, sondern eher eine Interpretationsfrage. Und um die Art der Interpretation geht es beim nächsten Analyseschritt.

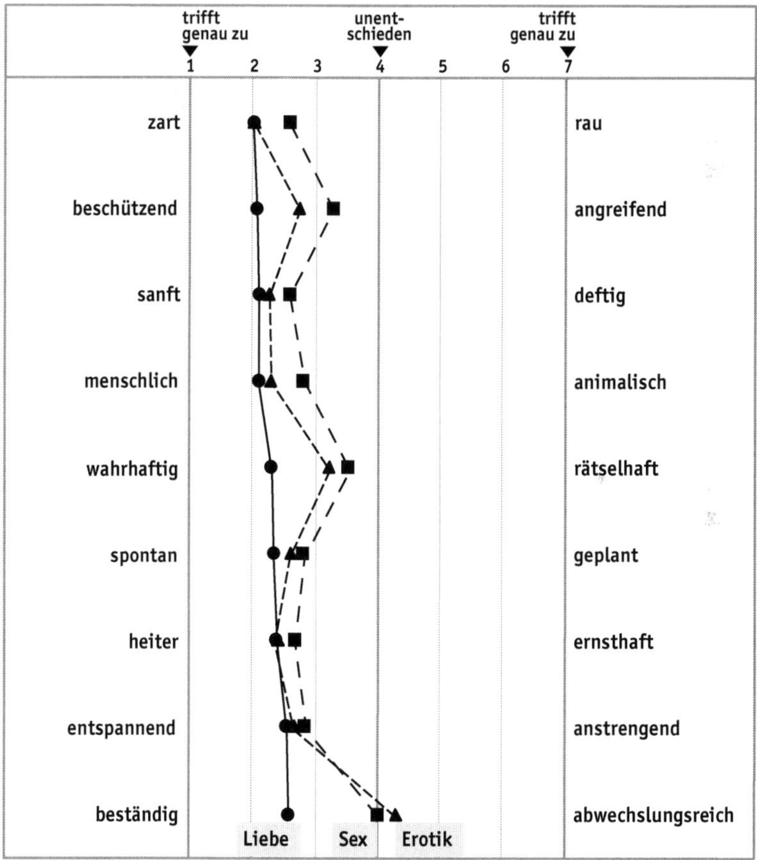

Abb. 9.1: Erlebnisprofile »Liebe«, »Sex« und »Erotik« bei den treffendsten »Liebe«-Charakterisierungen

Wie bereits bei Liebe und Sex filterten wir auch für Erotik die Wortpaare heraus, bei denen sich konträre Einstufungen zeigen. Es ergeben sich wiederum zwei Gruppen (▶ Abb. 9.2) – die eine tauften wir *die Bodenständigen*, die andere *die Künstlerischen.*

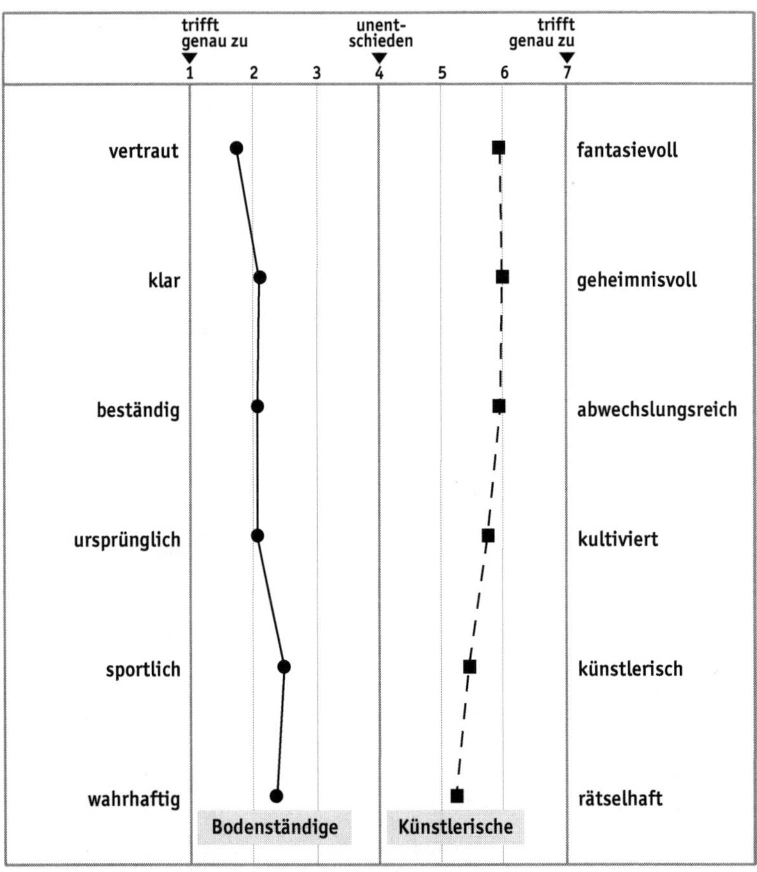

Abb. 9.2: Erlebnisprofil »Erotik« – Bodenständige versus Künstlerische

Die *Bodenständigen*: Sie interpretieren Erotik vor allem als *vertraut. Klar, beständig* und *ursprünglich* verbindet sich für sie damit, zudem *sportlich* (im Unterschied zu *künstlerisch*) und *wahrhaftig.*

Die *Künstlerischen*: Das in den Durchschnittswerten nur als Tendenz vorhandene *fantasievoll, geheimnisvoll* und *abwechslungsreich* von Erotik ist für sie essentiell. Auch *kultiviert, künstlerisch* und *rätselhaft* gehören für sie dazu.

Man könnte sagen: Die Künstlerischen leben das Prickelnde von Erotik in ihrer Beziehung genussvoll aus, wogegen die Bodenständigen es als vertrauten Teil ihrer Liebe genießen. Wie ist das bei Ihnen? Die beiden Kontrastgruppen stehen sich bei unseren Herbstlern im Verhältnis von 4 zu 4 gegenüber. Die übrigen zwei Zehntel platzieren sich dazwischen.

Erinnern Sie sich an die Realisten, die wir mit Blick auf die Liebe herausgefiltert hatten (▶ Abb. 7.2)? Sind die Erotik-Bodenständigen mit denen eventuell verwandt? Und gilt Verwandtschaft vielleicht auch zwischen den Liebes-Romantikern und den Künstlerischen in punkto Erotik? In der Tat – es bestehen Beziehungen zwischen den jeweiligen zwei Gruppen in der Art, wie sie Liebe und Erotik erleben (▶ Abb. 9.3):

Realisten und Bodenständige: Liebe *und* Erotik ist für beide Gruppen in gleicher Weise *klar* und *vertraut.* Die Realisten verbinden mit Liebe zudem *realistisch* und *einfach,* die Bodenständigen mit Erotik *beständig, ursprünglich, wahrhaftig* und *sportlich.*

Romantiker und Künstlerische: Für diese beiden Gruppen ist Liebe wie Erotik übereinstimmend *fantasievoll* und *geheimnisvoll.* Für Romantiker knüpft sich an Liebe außerdem *romantisch* und *kompliziert,* die Künstlerischen assoziieren mit Erotik zusätzlich *künstlerisch, kultiviert, abwechslungsreich* und *rätselhaft.*

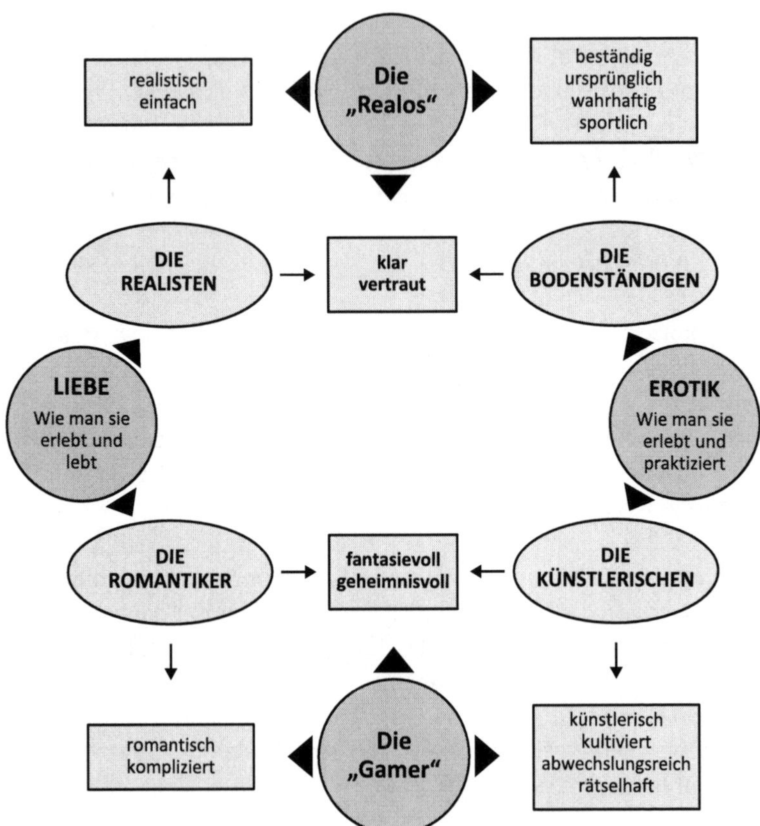

Abb. 9.3: Realisten und Bodenständige versus Romantiker und Künstlerische – der jeweilige Gleichklang von Liebe und Erotik

Die einen sehen also Liebe vor allem in der Realität verankert und praktizieren sie per Erotik auf eine bodenständige Art und Weise. Für die anderen weist Liebe gewissermaßen über die Realität hinaus, und bei der Erotik mögen sie Innovatives. So gesehen bilden Liebe und Erotik die zwei Seiten derselben Medaille. Für die Realisten/Bodenständigen ist diese Medaille wirklichkeitsnäher geprägt als für die Romantiker/Künstlerischen, bei denen sie einen spielerischen Touch hat. Beide Prägungen haben sich bei unseren Herbstlern über die Jahre entwickelt und bewährt.

Wenn wir die eine Gruppe mit *Realos* und die andere mit *Gamer* benennen, ist das sicher verkürzend und einigermaßen plakativ. Alle möglichen Mischungen und Übergänge bleiben ausgeklammert. Aber fragen Sie sich doch einmal trotzdem: Welche grundsätzliche Prägung hat Ihre persönliche erotische Liebesmünze?

Womöglich fragen Sie sich jetzt aber auch: Wie fügt sich Sex in dieses Modell? Der »nackte« Begriff und vor allem die beiden konträren Gruppen – Egoisten versus Altruisten (▸ Abb. 8.2) – führen gleichsam ein Eigenleben. Es geht dabei um die Richtung der persönlichen Zentrierung: Denke ich vornehmlich an mich selbst und meine eigene Befriedigung, oder an die/den andere/n und deren/dessen Bedürfnisse? Das ist weitgehend unabhängig davon, welche Kontur Liebe oder Erotik jeweils hat. So können Realisten/Bodenständige das Wort Sex entweder egoistisch oder altruistisch verstehen, was ebenso für Romantiker/Künstlerische gilt. Bestimmen Sie einfach Ihr eigenes Mischungsverhältnis.

Joseph Waldemar Gritzan, ein großer, schweigsamer Holzfäller, wurde heimgesucht von der Liebe. So beginnt eine Liebesgeschichte in dem schmalen Werk *So zärtlich war Suleyken* von Siegfried Lenz. Suleyken ist zwar keine weibliche Gestalt, sondern ein imaginiertes Dörfchen im fernen Masuren. Aber Zärtlichkeit gibt den Geschichten des Dichters ihren Grundklang, wie wir es auch für unsere Liebe im Lebensherbst erhoffen wollen.

Lenz schrieb Suleyken etwa ein Jahrzehnt nach Ende des irren Krieges. Anne und Dieter standen da – einander noch unbekannt – kurz vor dem Abitur. Die noch vorhandenen Trümmer im Land waren weitgehend beiseite geräumt, das Hungern und Frieren hatte ein Ende gefunden, und es herrschte Aufbruch aller Orten. Doch dem verwundeten Emotionalen taten freundliche Erinnerungen und Zärtlichkeitspflaster gut.

Und letztere tun unseren Herbstpaaren in der Gegenwart gut. Das zeigten bereits ihre Assoziationen zu Liebe und Erotik. Die große Bedeutung von Zärtlichkeiten wird vollends klar, wenn sie gezielt thematisiert werden. Nur ganz vereinzelt negiert man sie. Für die übergroße Mehrheit ist *Zärtliches zentral* beim Umgang miteinander. Es schafft und bestätigt Nähe und Verbundenheit – *Wir beide brauchen das!* bringt es auf den Punkt.

Täglich den anderen spüren, streicheln, liebkosen. (Sie, 60 Jahre, Paar 13)

Ist total wichtig. Gibt mir ein gutes Gefühl, so ein Verbundenheitsgefühl. Ich finde das positiv, weil ich dann nicht das Gefühl habe, dass unsere Beziehung neutral wird. (Er, 65 Jahre, Paar 10)

Spielt eine große Rolle. Man muss das täglich zeigen, dass man sich streichelt, umarmt. (Sie, 62 Jahre, Paar 2)

Ich glaube, das ist eine subtile Art der Zuwendung. So die kleinen Aufmerksamkeiten sind schon sehr wichtig. Im Vorbeigehen eine Berührung hier und da. Sonst wird man sich schnell fremd. (Er, 68 Jahre, Paar 12)

Wenn man sich küsst, auch im Beisein anderer. Das zeigt Gemeinsamkeit. (Sie, 62 Jahre, Paar 5)

Also ich bin jemand, der sehr viel körperliche Nähe braucht, also zu meiner Frau. Die Zärtlichkeit, die ist da – also in den Arm nehmen und so. Das ist auch spontan, also kein Ritual. So, wie es kommt. (Er, 70 Jahre, Paar 9)

Auf jeden Fall wichtig, sonst funktioniert das ja im Umgang zusammen nicht mehr. Ist in jedem Alter wichtig. Sonst funktioniert das nicht, dann sollte man sich trennen. (Sie, 72 Jahre, Paar 20)

Hat für mich eine sehr große Rolle. Da spürt man Ruhe und Ausgeglichenheit auf jeden Fall, Vertrauen sowieso. Dass man sich einfach hat. Das ist immer situationsbedingt – sich drücken und Zärtlichkeiten austauschen ist bei uns gang und gäbe. (Er, 73 Jahre, Paar 14)

Vertrautes. Wie man miteinander umgeht. Dass man auch ohne Sex zärtlich ist. Sich umarmen, was weiß ich - zärtlich, mit Blicken, ein Lächeln. (Sie, 73 Jahre, Paar 14)

Ist wichtig für mich schon. Meine Frau ist da etwas zurückhaltender. Ist auch eine Kopfsache. Vermittelt einem Zufriedenheit und Verständnis. Spannung. (Er, 75 Jahre, Paar 15)

Finde ich sehr wichtig, sich berühren, streicheln - ohne etwas zu fordern. Liebevoll miteinander umgehen, auch mit Worten. (Sie, 75 Jahre, Paar 15)

Eine Intimität und Vertrautheit, die man dann spürt. Tagsüber auch, dass wir uns ein Küsschen geben. Wir umarmen uns auch spontan, albern auch rum. (Er, 77 Jahre, Paar 6)

Die spielen eine besondere Rolle. Sind wichtiger als Sexualität. Das Rundumgefühl ist wohliger. (Sie, 85 Jahre, Paar 1)

Spielen eine zentrale Rolle. Man braucht sie und weiß, dass der andere sie auch braucht. (Er, 85 Jahre, Paar 1)

Beim Spazierengehen sich an die Hand nehmen und auch mal drücken. Man drückt sich überhaupt mal so richtig und körpernah. (Sie, 85 Jahre, Paar 8)

Um die Bedeutung von körperlichen Zärtlichkeiten noch etwas präziser in den Griff zu bekommen, spielten wir erneut unser 100-Punkte-Spiel (▸ Abb. 9.4): Wieviel Punkte vergibt man für die Wichtigkeit solcher Liebesbeweise in der eigenen Paarbeziehung? Und: Was vermutet man in dieser Hinsicht mit Blick auf gleichaltrige Paare, die man kennt und die noch einigermaßen fit sind? Diesem erwarteten Vergleichswert gegenüber sieht man sich im Vorteil: Im Durchschnitt kommen unsere Herbstler für sich selbst auf 81,8 Punkte und damit zu einem klaren Plus zu den vermuteten 70,6 bei anderen.

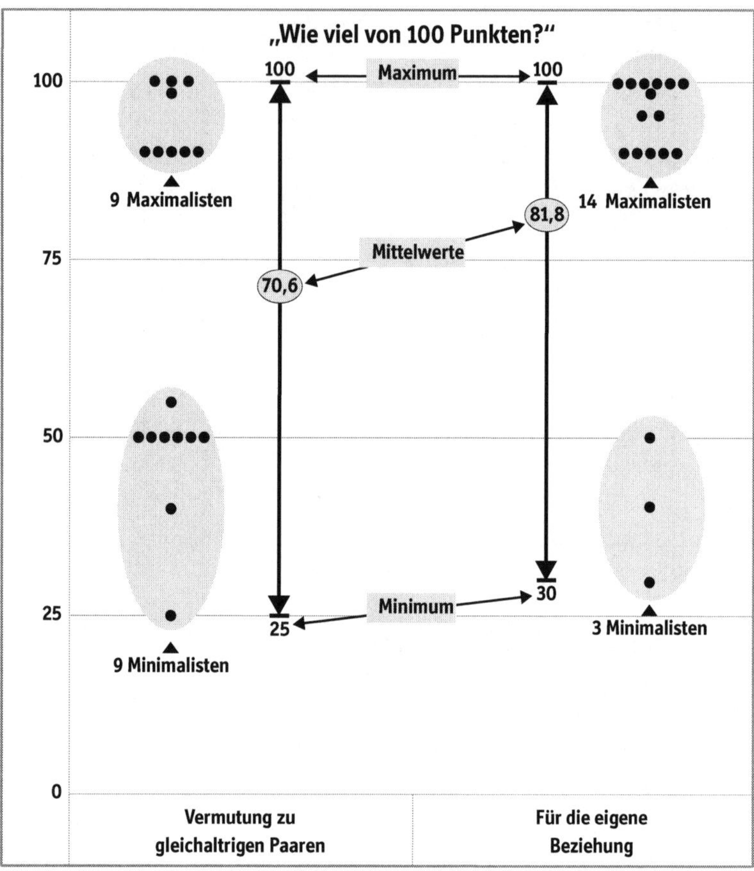

Abb. 9.4: Die Wichtigkeit körperlicher Zärtlichkeiten

Hinzu kommt, wie die Abbildung ausweist: Beim Blick auf andere, gleichaltrige Paare ist das Verhältnis der Zärtlichkeits-Maximalisten zu den Minimalisten mit 9 zu 9 ausgeglichen, wogegen es bei der Einstufung der persönlichen Wichtigkeit mit 14 zu 3 weitaus positiver ausfällt.

Kann es aber eventuell sein, dass es sich bei der eigenen Bewertung um eine Art Zärtlichkeits-Schulterklopfen handelt – man bescheinigt sich, zärtlicher als andere zu sein? Dass etwas daran sein könnte, zeigt sich bei der Zärtlichkeits-Differenzierung zwischen den Ers und den Sies: Die Männer setzen den Kontrast zu »den anderen« besonders markant an – bei ihnen beträgt das Plus stolze 20,3 Punkte, bei ihren Partnerinnen dagegen nur 2,1.

Noch bemerkenswerter erscheint uns aber der Gleichklang der Altersgruppen, was die Bedeutung körperlicher Zärtlichkeiten für die eigene Paarbeziehung angeht: Jenseits der 70-Jahreschwelle ist sie keineswegs geringer als davor, eher trifft sogar das Gegenteil zu. Ordnen Sie sich selbst doch einmal in dieses Ranking ein.

Vor gut zweieinhalb Jahrtausenden besang *Das Hohelied Salomos* Liebe und Zärtlichkeit. Ein kleiner Ausschnitt aus dem biblischen Text in eigener Diktion:

Mein Liebster
ist mir ein Büschel Myrrhen
das zwischen meinen Brüsten ruht.

Wie schön ist deine Liebe
meine Schwester, liebe Braut!
Köstlicher als Wein deine Zärtlichkeit
und der Duft deiner Salben
übertrifft alle Gewürze.

Viele Wasser
können die Liebe nicht auslöschen
keine Ströme
sie ertränken.

Ist womöglich der Lebensherbst die zärtlichste Erfahrungszeit für ein Paar mit langjähriger Gemeinsamkeit? Und darüber hinaus? Unsere Gespräche mit den »Frühwintlern« unter unseren Interviewpartnern lassen hoffen.

10

Zukunft? Wir schaffen das!

Angela die Große – deren Rundumgröße von manchen inzwischen vielleicht bezweifelt wird – prägte mit ihrem *Wir schaffen das* zu Beginn des Flüchtlingszustroms das Denken und Handeln von sehr vielen Menschen im Land. Unvergesslich die Vielfalt der Hilfsbereitschaft, wie natürlich auch der Aufschrei der Erschrockenen. Inzwischen zählt auch sie mit ihrem Joachim zu uns Herbstpaaren. Als solche prägten wir mit unserem Denken, Sprechen und Handeln zu einem Teil unsere Kinder und wirken weiterhin – bewusst und unbewusst – auf unsere Enkel, weibliche wie männliche, ein. Im Positiven und nicht selten leider auch im Negativen. Machen wir uns bei ihnen doch gezielt präsent und fordern sie zum Fragen auf.

Welch ein Bedauern, wenn unsereins als junger Erwachsener die eigenen Eltern nicht nach ihrem frühen Leben und zu ihren späteren Lebenszwistigkeiten befragt hat. Vermutlich ist das eher die Regel als die Ausnahme, und man machte sich dann ohne genaueres Wissen seinen eigenen Reim auf das, was man zu erkennen glaubte. Zwei Beispiele aus unseren eigenen Biografien.

Anne: *Kurz vor unserer Heirat sprach ich mit meinen Eltern darüber. Mein Vater spontan: ›Muss das denn wirklich sein?‹ Ich: ›Aber sicher muss das sein‹ und denke mir: Gönnt er mir das denn nicht, oder hat er was gegen Dieter? Erst bei der Arbeit an diesem Buch und einem Gespräch darüber - also fast sechs Jahrzehnte später - ging mir auf: Vielleicht befürchtete er, ich erwartete ein Kind und ›müsste‹ deshalb heiraten. Damals, 1963, war es noch herabsetzender Usus zu sagen: Die musste ja heiraten! Ich hätte den Papa beruhigen können - unser Sohn kam erst neun Monate und zwei Wochen nach der Hochzeit zur Welt.*

Dieter: *Nachdem in Berlin 1946 mein Vater und kurz danach meine Großmutter - bei der ich lebte - gestorben waren, nahm mich ihr zweiter Sohn zu sich. Er und seine Frau adoptierten mich. Oma in ihrem Testament: ›Alle Werte, die ich hinterlasse gehören meinem Sohn Arno. Aber er muss mir über das Grab hinaus versprechen, die Treue dem Dieter gegenüber zu halten. So wird mein Mann und ich und sein Vater Ruhe haben.‹ Dieses Vermächtnis, das mir erst bei der Arbeit an diesem Buch vor Augen kam, hat er getreu erfüllt. Doch nie habe ich ihn dazu befragt. Er starb mit 59 Jahren, da war ich Ende zwanzig. Zusammen mit dem Vermächtnis kamen mir weitere Hinterlassenschaften zur Hand, zu denen er mir sicher ebenfalls etwas hätte sagen können:*

RUTH RECHNITZER

Zuerst die Fakten.
Geboren 1925 in Berlin
Mit 16 Jahren
Als Zwangsarbeiterin
Bis 1943
Bei Ehrich & Graetz
In der Reichshauptstadt.

Wie bist du dann
Als Jüdin
Dem Vernichtungsfuror der SS
Entronnen?

Was brachte dich
Zur Heirat
Mit meinem Vater
Dem Ex-SA-Mann?

Worüber habt ihr wohl gesprochen
Was ersehnt?

Sein Leben endete 1946
Und deine Spur verlor sich.

Wie tief ist meine Trauer.

Gehen wir also auf unsere Kinder und Enkel zu und sprechen mit ihnen über uns, über das Früher und das Jetzt. Zukunft braucht Vergangenheit, heißt es ja. Welche schwierigen Phasen hatten wir zu bewältigen, was alles ist gelungen, was hätte man anders oder besser machen können? Dass man dabei nicht die Asche, sondern die Glut weiterreichen sollte, ist ein Apell, der Konfuzius, Thomas Morus, Benjamin Franklin und manchem anderen zugeschrieben wird. Wie groß ist unsere Altersdistanz zur Enkelgeneration und doch wie nah ist oftmals, was uns bewegt – so das Verlangen nach Nähe und Verständnis.

Apropos Glut. Unsere Kinder – damals um die fünfzehn Jahre alt – fragten einmal ihre Oma Seppel (sie hatte einen Dackel mit dem Namen), wie sie denn mit ihrem Mann, meinem Adoptivvater, zusammengekommen sei: *Warst du da in Leidenschaft?* Die Antwort: *Nein, in Bremerhaven.*

Zukunft fängt in der Gegenwart an. Ganz zu Beginn unserer Gespräche mit den Herbstlern erörterten wir mit ihnen, wie zufrieden sie mit ihrem jetzigen Leben sind. Die Paarthematik kam erst danach zur Sprache. Von den auch diesmal zu vergebenden maximal 100 Punkten werden im Durchschnitt 86,5 gewählt (▶ Abb. 10.1). Damit bestätigt sich die vorherrschende positive Sicht, die bereits bei der Selbstbild-Einstufung – *Ich bin mit meinem jetzigen Leben sehr zufrieden* (▶ Abb. 6.2) – zu erkennen war.

Es sind nur drei unserer Herbstler – die Minimalisten – die mit 70 oder 75 Punkten deutlich unterhalb des Mittelwerts liegen. Zwischen den Sies und den Ers herrscht Zufriedenheits-Gleichstand und unsere Gesprächspartner oberhalb der 70-Jahre-Schwelle scoren noch etwas positiver als jene, die jünger sind. Allerdings: Auch hier ist an jene älteren Paare zu erinnern, die wir nicht interviewen konnten. Sie dürften wohl eher zu den weniger Zufriedenen zu rechnen sein.

Wenn man sich zu seiner Zufriedenheit inhaltlich äußert, werden drei Bereiche besonders angesprochen. Am häufigsten: *Die eigene Familie.* Man fühlt sich in sie eingebunden, hat ein gutes Verhältnis zu seinen Kindern und freut sich besonders – sofern vorhanden – über und mit seinen Enkeln.

Nur knapp danach: Die *materiellen Lebens- und Wohnverhältnisse.* Die meisten können in finanzieller Hinsicht sorgenfrei leben und sich *auch schon mal etwas Gutes leisten.* Man wohnt angenehm, Balkon, Terrasse oder Garten bieten frische Luft und Ausblick, was gerade zur Coronazeit wichtig gewesen war.

An dritter Stelle: Die *eigene Partnerschaft.* Man hat genügend Zeit für die Zweisamkeit, unternimmt zusammen viel, kann sich aufeinander verlassen, fühlt sich geborgen. Die wenigen Herbstler, die noch berufstätig sind, freuen sich auf die künftige Möglichkeit zu mehr gemeinsamen Aktivitäten.

Hinzu kommt ein breites Spektrum weiterer Aspekte, die zur Lebenszufriedenheit beitragen: Unterschiedlichste Hobbies, Entlastung von beruflichen Pflichten, Zusammensein mit Freunden, Freude an Ehrenämtern, zurande kommen mit körperlichen Malai-

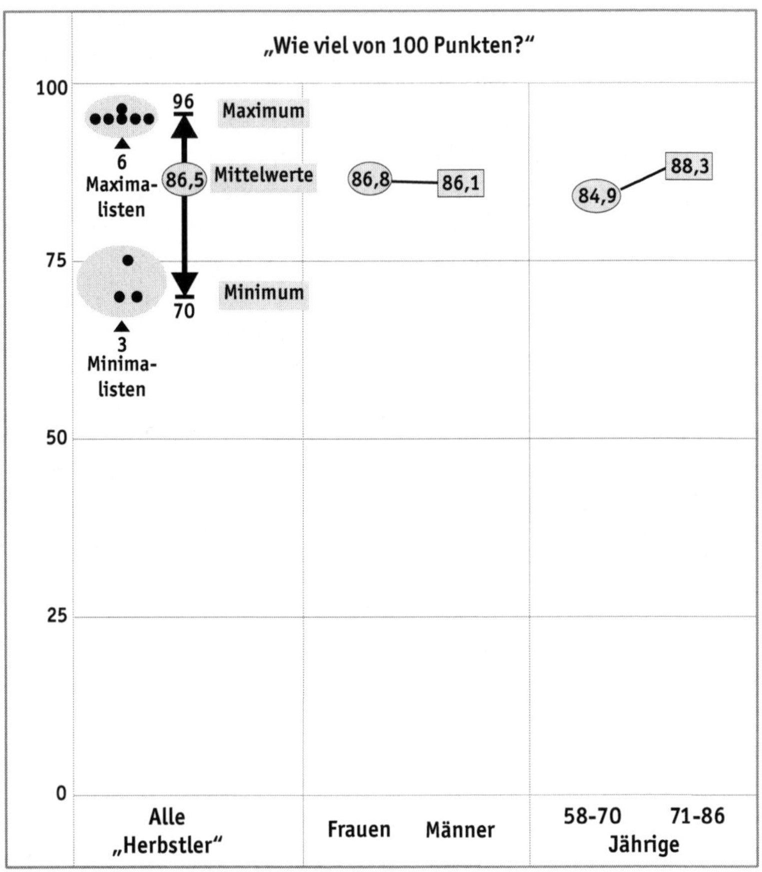

Abb. 10.1: Die eigene Lebenszufriedenheit

sen und manches mehr. Bei den wenigen Gesprächspartnern, die ihre gegenwärtige Lebenszufriedenheit schwächer einschätzen, ist es vor allem die Verabschiedung vom Beruf, die zu schaffen macht. Einer davon, der international aktiv war, als Beispiel:

Im Moment ist das eingeschränkt, weil mir die Arbeit fehlt. Die Personalabteilung, weil Personal abgebaut wurde und wird, kam: Dann können

Sie doch in den Vorruhestand gehen. Da wird dann die Treppe von oben gekehrt, wegen der hohen Gehälter. Mir fehlt das Reisen, mir fehlt das Zusammentreffen mit Kunden, mir fehlen die schönen Gespräche, aber auch die schwierigen in einem anderen Kulturkreis. Um es auf den Punkt zu bringen: Mir fehlt die Herausforderung, fühle mich zu jung fürs Herumsitzen. (Er, 63 Jahre, Paar 17)

Und seine Partnerin:

Ich versuche, meinen Mann zu animieren, dass er positiv denkt. Gemeinsame Dinge zu tun, das müssen wir wieder lernen, denn wir waren viel getrennt. Ich hoffe sehr, dass wir einen gemeinsamen Weg gefunden haben, wie wir den Rest des Lebens verbringen können. Weil wir gerade noch ein bisschen holpern und stolpern. (Sie, 58 Jahre, Paar 17)

Für ihn, wie für die meisten anderen Herbstler gilt: Obwohl sie vor dem Interview wussten, dass wir mit ihnen – auch – über ihre Partnerschaft sprechen wollten, dominiert sie keineswegs die Äußerungen zur Lebenszufriedenheit. Diese wird vielmehr gestützt/flankiert von noch anderen Faktoren, von denen die weitere Familie und die wirtschaftliche Sicherheit besondere Bedeutung haben. Einige O-Töne:

Mit unserer Familie, dass es uns allen gut geht. Wenn man zurückblickt, hat man nicht viel falsch gemacht, auch das Kommerzielle nicht. Emotional bin ich auch zufrieden, bin noch verliebt in meine Frau, anders natürlich als mit fünfundzwanzig. Mit unseren Kindern – auch gut. (Er, 65 Jahre, Paar 10)

Ich genieße es sehr, dass ich jetzt Rentnerin bin. Ich hätte nie gedacht, dass es sich so gut anfühlt, ohne Verantwortung zu sein. Der Zeitpunkt hätte nicht besser sein können für unsere Zweisamkeit. Er braucht mich jetzt mehr, und ich habe dafür mehr Zeit. (Sie, 62 Jahre, Paar 3)

Maximal gut, weil ich gesund bin, mich sehr gut mit mir beschäftigen kann. Dieses Bauen und Basteln an diesem 250 Jahre alten Bauernhof. Habe eine unglaublich liebenswerte Familie, wir machen viel zusammen, haben ein gutes Verhältnis. Das sind Zutaten, die im Leben glücklich machen. (Er, 68 Jahre, Paar 12)

Ich bin schon sehr zufrieden – mit einem kleinen Fragezeichen. Er macht zurzeit sehr viel. Ich wünschte mir, er wär' mehr zu Haus, dass wir mehr gemeinsam machen können. Es sind auch meine Kinder. Wir haben ein sehr gutes Verhältnis in der Familie miteinander. Und hier ist auch meine Heimat. Holland bleibt zwar meine Heimat auch, ich könnte aber nicht mehr zurück. So gesehen, sind wir eigentlich glücklich. (Sie, 70 Jahre, Paar 9)

Ich hatte immer Glück. Ich war im Beruf immer zur rechten Zeit am richtigen Ort. Zufrieden? Mit meiner Frau, mit meinen Kindern, mit meinen Lebensumständen, mit meiner finanziellen Lage. Und wie wir hier wohnen. Ich weiß nicht – da fehlt ja kaum noch was. (Er, 75 Jahre, Paar 15)

Ich bin mit einem Partner zusammen, mit dem ich mich sehr gut verstehe. Auch, dass die Kinder gut versorgt sind, dass ich mir da keine Sorgen zu machen brauche. Und mein Enkel ist gut geraten. Ich fühle mich hier sehr gut. (Sie, 72 Jahre, Paar 20)

Bin sehr zufrieden mit dem, was sich so entwickelt hat, dass ich diese Frau habe, die Kinder, die Enkelkinder. Auch, dass noch eine ganze Weile fortzusetzen. Das Entscheidende ist, dass wir beide zusammen sind, weil ich mir gar nicht vorstellen kann, das Leben allein fortzusetzen. (Er, 79 Jahre, Paar 4)

Die Rente stimmt, wir können uns nebenbei was erlauben, wohnen auf dem Land und können frei die Luft genießen. (Sie, 85 Jahre, Paar 8)

Einer unserer Gesprächspartner greift bei der Begründung seiner Lebenszufriedenheit weiter aus:

Ich lebe in einer der längsten Friedenszeiten, die dieses Land überhaupt je erlebt hat. Und wenn ich diese zehn bis zwölf Prozent Idioten ausklammere, die hier durch die Landschaft laufen im Augenblick und Blödsinn reden, dann ist das eine wunderbare Lebenssituation, die so schnell nicht wiederkommen wird. Ich fürchte, das wird bei meinen Enkeln ein bisschen anders sein, weil es überall schon Probleme hat für die Zukunft. Also: Ich bedanke mich herzlich für die abgelaufenen 78 Jahre. (Er, 78 Jahre, Paar 16)

Diesem Dank schließen sich die Autoren mit ihren nunmehr jeweils 86 Jahren vollen Herzens an.

Angesichts der zumeist hohen bis sehr hohen Lebenszufriedenheit unserer Herbstler schlagen Klagen oder Wünsche für Verbesserungen nicht stark zu Buche. Zu drei Bereichen bringt man sie am häufigsten vor. Zum einen: die eigene *Gesundheit* oder die des Partners/der Partnerin. *(Habe seit sieben Jahren Gelenkrheuma. - Gesundheitliche Defizite meiner Frau. - Habe Rücken.)*. Zum zweiten: Zu den *Kindern/Enkelkindern (Sie wohnen zu weit weg. - Wir sehen uns zu wenig. - Die Tochter hat Depressionen.)*. Und dann: *Beziehungsprobleme (Manchmal gibt es Dispute. - Ich grüble viel, zu wenig Gespräche. - Noch mehr Freiraum braucht es.)*.

Da unsere Gespräche von Mitte April bis Mitte Juni 2021 liefen, wird nicht verwundern, dass auch von den Corona-Einschränkungen als Zufriedenheitsproblem die Rede ist *(Verrückt, diese dauernden Verbote. - Dass man nicht mehr so reisen kann, wie man will. - Die Jugendlichen tun mir leid.)*. Wir haben das aber im Interview nicht vertieft, weil es uns zu weit von unserem eigentlichen Thema weggeführt hätte.

Nun aber zur Zukunft, für deren persönliche Perspektive die weitgehende Zufriedenheit mit dem Gegenwärtigen sicher eine gute Ausgangsbasis bildet. Aber gilt das auch, wenn über die mögliche Entwicklung in Deutschland nachgedacht wird? Auch danach fragten wir nämlich. Denn: Die künftige eigene Situation wird darin natürlich eingebettet sein. Auch Herbstler leben nicht in einem abgeschlossenen Areal – es sei denn auf Mallorca –, sondern eingebunden in dem, was im Lande geschieht und geschehen wird.

Wir baten, die kommenden drei Jahre in den Blick zu nehmen. Für den erwarteten Status im Jahr 2024 waren bis zu 100 Punkte zu vergeben, wobei der Maximalwert eine rundum positive Zukunftslage markierte. Wieviel davon »prognostiziert« man für Deutschland und wieviel für die persönliche künftige Situation?

Doch Stopp! Das war im Frühjahr 2021 gewesen, als von Ukrainekrieg, Energiekrise, Inflation und Gefährdung der wirtschaftlichen Entwicklung noch keine Rede gewesen war. Deshalb stellten wir die beiden Zukunftsfragen unseren Gesprächspartnern von damals im Oktober 2022 zum zweiten Mal. Der Ergebnisvergleich zeigt (▶ Abb. 10.2).

Erstens: Beide Einschätzungen gingen deutlich zurück, die für Deutschland stärker (-12,6 Punkte), als jene für die eigene künftige Lage (-10,1).

Zweitens: Weiterhin ist man für sich selbst markant zuversichtlicher als für das Land. Der Vorsprung von 16,1 Punkten im Frühjahr 2021 stieg sogar auf 18,6 Punkte an.

Drittens: Zuwachs bekommen hat das Lager der Pessimisten bei beiden Zukunftsfragen. Bildeten im April/Juni 2021 für Deutschland 50 Punkte die untere Begrenzung, so sind es im Oktober 2022 30 Punkte. Die Selbsteinschätzung sackte nach unten von 75 auf 50 Punkte ab, mit einem individuellen Einzelfall von nur 30 Punkten.

Kurz zu diesem Einzelfall. Dieser Er vergab 2021 für die persönliche Zukunft 99 Punkte und 2022 nur noch 30. Die inzwischen gewachsene mentale Einengung seiner Sie führte zu diesem Absturz, den seine Partnerin für sich selbst gar nicht wahrnahm: Sie blieb bei ihren 80 Punkten.

Die Sies und die Ers liegen ansonsten in beiden Jahren und bei beiden Zukunftsfragen nahe beieinander. Was dagegen differenziert,

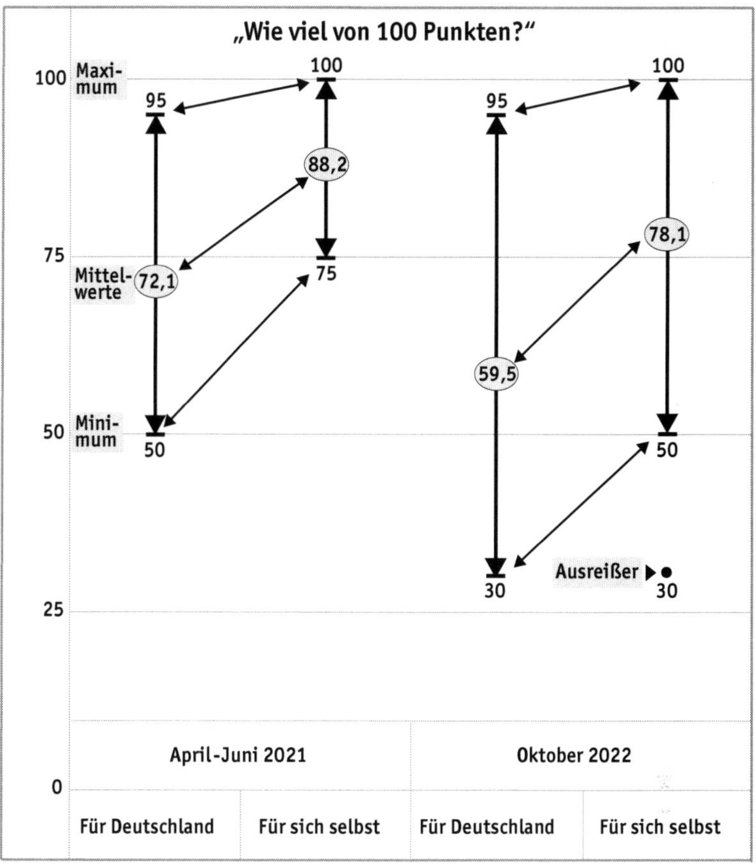

Abb. 10.2: Die Zukunft im Jahr 2024/2025?

ist das Alter: Oberhalb der 70-Jahreschwelle urteilt man für Deutschland wie für sich selbst stets weniger positiv, und der Rückgang von 2021 zu 2022 fällt dann jeweils größer aus. Für die erwartete künftige Lage im Land ist das am auffälligsten: Minus 15,1 Punkte bei den Älteren und minus 8,3 unterhalb der 70-Jahregrenze.

Die Zukunfts-Nachbefragung im Oktober 2022 führten wir als »Schnellschuss« telefonisch durch, während wir gleichzeitig an der Endkorrektur dieses Buches arbeiteten. Das Warum der erneuten Punktevergaben konnten wir deshalb mit unseren Paaren aus Zeitgründen nicht mehr erörtern. Die nachfolgenden Antworten auf diese Frage resultieren also aus den Explorationen vom Frühjahr 2021.

Für Deutschland waren zu dieser Zeit recht klar zwei konträre Meinungslager zu erkennen. Das eine war für die Zukunft des Landes nahezu durchweg froh gestimmt, wofür meistens die erhoffte Überwindung der Corona-Einengungen verantwortlich gewesen ist: Die Stimmung wird gut sein, weil man wieder alles unternehmen kann, was man möchte. Die Menschen werden wegen der gemachten Erfahrungen freundlicher miteinander umgehen und stärker zusammenhalten. Es waren häufiger die bis 70-Jährigen, die so dachten. Hinzu kamen wirtschaftlicher Aufschwung und funktionierender Staat:

Die Stimmung wird steigen, die Menschen nehmen ihr Leben wieder auf. Es wird gewisse Korrekturen geben für die, die feststellen, dass Alternativen möglich sind. (Sie, 60 Jahre, Paar 13)

Ein großer Freudenschrei! Eine große Reiseflut, alle wollen raus. (Sie, 61 Jahre, Paar 10)

Froh, dass Corona vorbei ist. Wir können wieder mehr aufeinander zugehen. Wir vermissen so viel. Ich erwarte eine schöne Stimmung. (Sie, 62 Jahre, Paar 7)

Halleluja!! Dass alle wieder raus können und normal und glücklich leben können. Dass Kinder wieder in die Schule und in den Kindergarten können. (Sie, 62 Jahre, Paar 2)

Bin ja sowieso der Meinung, dass wir in einem Staat leben, wo wir heilfroh sein können. Diese ganze Schlechtrederei, von der du von morgens bis abends zugeschüttet wirst, die geht mir unheimlich auf den Geist. Und ich glaube, wenn wir dieses Klimathema angehen, wenn das dann weniger verbotsorientiert, sondern mehr entwicklungsorientiert ist, guck ich dem sehr positiv entgegen. (Er, 65 Jahre, Paar 10)

Die Wirtschaft ist wichtiger als die Regierung. Es wird Deutschland gut gehen, egal, ob die Grünen drankommen, die SPD oder die CDU. Letztendlich regiert die Wirtschaft. Die Gesellschaft? In unserem Kreis von 40, 50 Leuten: Wir kennen keine Arbeitslosen, keine Rauschgiftsüchtigen, keine Harz-IV-Empfänger. Uns geht es allen gut. (Er, 65 Jahre, Paar 13)

Das andere Lager sah die zu erwartende Entwicklung dagegen mehr oder weniger kritisch, wobei vor allem auf die gesellschaftlichen Verhältnisse gesehen wurde: Ellbogengesellschaft, mehr Lautstärke und Aggression; Auseinanderdriften von Arm und Reich und zwischen den Generationen; Probleme durch Zuwanderer. Das Klimathema und die wirtschaftliche Entwicklung wurden zwar ebenfalls kritisch angesprochen, traten aber gegenüber dem Gesellschaftlichen zurück. Vor allem die Älteren äußerten sich in dieser Hinsicht pessimistisch:

Man soll ja im Endeffekt immer positiv sein. Aber ich sehe schon mal die Gesellschaft, dass die Pole auseinanderbrechen. Zwischen Arm und Reich. Dass es da vielleicht zu Aufständen kommen würde. Der Deutsche allgemein ist ja zurückhaltend und ruhig, durch die Geschichte bedingt. Aber irgendwann steht der Mob auf. Die AfD, die Leugner – dass da 'ne gefährliche Sache auf uns zukommt. (Er, 86 Jahre, Paar 8)

Ich bin ein bisschen skeptischer geworden. Vermute, dass die Gesellschaft immer mehr gespalten ist. Das sehe ich kritisch. (Er, 86 Jahre, Paar 3)

Finanziell wird es teurer für uns. Die Stimmung wird nicht sehr gut sein. (Sie, 85 Jahre, Paar 11)

Die zwischenmenschlichen Beziehungen werden erheblich schlechter. Darunter verstehe ich auch das Zusammenleben der Nationalitäten. Es wird rauer, das wird den Kindern ja schon in die Wiege gelegt. Wir ent-

wickeln uns hin zu einer Ellbogengesellschaft, wo primär der eigene Vorteil das Wichtigste ist. Der Rest ist mir egal – so denkt man. (Er, 79 Jahre, Paar 4)

Da denke ich, nein hoffe ich, dass sich das Klima ändert. Jeder Mensch kann dazu beitragen, dass sich das Klima verbessert. Schon mein Vater sagte: Kinder, ihr müsst zusammenhalten. Auch europäisch. Auch eine Streitkultur muss da sein. Und: Deutschland ist ja stark verbeamtet. Den Firmen, die was Vernünftiges machen, denen schnell die Genehmigungen geben. (Er, 73 Jahre, Paar 14)

Wieso darf ich nicht mehr sagen, kriminelle Ausländer schicken wir nach Hause. Ich bin kein AfDler, um Gotteswillen, weit von weg. Bin aber auch nicht für den Bau von Großmoscheen. (Er, 65 Jahre, Paar 2)

Es dürfte auf der Hand liegen, dass diese damaligen Deutschland-Skeptiker durch die seit Februar 2022 virulenten Ereignisse noch mehr Argumente zur Hand und Zuwachs bekommen haben.

Befassen wir uns dann mit der »Prognose« für die persönliche Zukunft. Sie fällt ja – wie Abbildung 10.2 ausweist – zu beiden Zeitpunkten erheblich besser aus als die für das Land. Betrachtet man die Begründungen vom Frühjahr 2021 für die vorgenommene Einstufung, zeigt sich: Nahezu neun von zehn hofften darauf, dass ihr Wohlbefinden auch in den avisierten drei Jahren noch so wie gegenwärtig sein wird. Bei dieser *Erwartung von Kontinuität* wird dreierlei besonders betont:

Als erstes: *Harmonisches Miteinander*. Man ist sich weitgehend sicher über das weitere Bestehen von vertrauensvoller Harmonie, Beständigkeit und das gemeinsame Meistern von Belastungen.

Zweitens: Die *persönliche Fitness/Gesundheit* und die des Partners/der Partnerin. Hierbei hat das Hoffen mehr Gewicht als die Zuversicht. Die oft bereits vorhandenen – vor allem körperlichen – Einschränkungen sind bei nicht wenigen mit einigem Zweifel in punkto der weiteren Entwicklung verbunden.

Drittens: Weiterhin *das Leben genießen* können. Dabei geht es um das Weiterführen der geliebten Aktivitäten, sei es das Reisen, geselliges Zusammensein, der Besuch von Veranstaltungen der unterschiedlichsten Art, Sportliches, Hobbies oder was auch immer. Da dafür die eigene Körperlichkeit mitentscheidend ist, wird auch hier das eine oder andere Fragezeichen gesetzt.

Es waren nur zwei unserer 40 Gesprächspartner, die sich Sorgen über ihre künftigen finanziellen Verhältnisse machten und fünf, bei denen körperliche Belastungen oder Erkrankungen das ansonsten sonnige Gesamtbild massiv trübten. Beispielhaft einige Stimmen:

Ich hoffe, dass die gesamte Situation fest und sicher bleibt. Abgesehen von Krankheiten, die sich wohl noch einstellen werden, bin ich zuversichtlich. (Sie, 62 Jahre, Paar 5)

Vorausgesetzt, dass krankheitsmäßig nichts weiter passiert, wenn es so bleibt, dass wir weiter Zeit für uns finden, uns nicht auf den Wecker gehen bei dem engen Zusammenleben. Aber das haben wir bisher ja auch nicht getan. Et wird schon jut jonn. (Er, 68 Jahre, Paar 5)

Ich hoffe einfach, dass wir auf diesem Level weiterleben können. Dass wir noch davon profitieren können, was umweltmäßig begonnen wurde oder in Angriff genommen wird. Und die Kinder und Enkelkinder dabei begleiten und stärken können. (Sie, 62 Jahre, Paar 3)

Kontinuität. Also meine Frau ist ja auch gerade Rentnerin. Wir werden mehr Zeit direkt miteinander verbringen. Weiter an dieser neuen Art der Beziehung arbeiten. (Er, 68 Jahre, Paar 12)

Ich bin optimistisch. Also was uns betrifft - da geht es um Krankheiten. Da hoffe ich mal, dass nichts Schlimmes kommt. Ja gut, Restrisiko - man kann nicht in die Zukunft blicken. (Sie, 72 Jahre, Paar 20)

Ich hoffe, dass wir gesund bleiben. Die Gesundheit wird 'ne große Rolle spielen. Dass wir noch Vieles unternehmen können gemeinsam. Dass wir unsere Familie heranwachsen sehen, die sich immer anders und weiter entwickelt. (Er, 70 Jahre, Paar 9)

Zuversicht. Gesundheit, mehr Gesundheit - sagen wir mal so. Wir haben ja einiges mitgemacht. Zufriedenheit. Im Grunde habe ich nichts auszusetzen. (Sie, 75 Jahre, Paar 16)

Hoffe, dass wir gesund bleiben, das heißt so bleiben, wie wir jetzt sind. Und zusammenbleiben - aber länger als diese drei Jahre. Dass es auch innerhalb der Familie so bleibt, wie es jetzt ist. (Er, 73 Jahre, Paar 14)

Ich erwarte Positives - hoffentlich. Dass wir weiter unsere Touren machen, gut essen und Wein trinken, miteinander reden. Das wünsche ich mir. Aber ich seh' immer unser Alter. (Sie, 78 Jahre, Paar 6)

Wenn man an die Brennpunkte denkt, an die Altersheime. Da kommen Ängste auf, das möchte man nicht erleben. Dass man in der vertrauten Umgebung bleibt und das Alter genießen kann. Man muss was dafür tun. Im Altersheim verrecken? (Er, 75 Jahre, Paar 15)

Ich erwarte, dass der Ist-Zustand sich hält und dass wir körperlich und geistig und was unser Zusammenleben, unsere Zugewandtheit angeht, dass sich da nix ändert. (Sie, 85 Jahre, Paar 1)

Eigentlich, dass es gleichbleibt. Dass keine Änderung kommt. Stabilität. (Er, 85 Jahre, Paar 11)

Den Status quo halten – das ist das dominante Zukunftsziel. Einige bekundeten aber noch darüber hinaus gehende Wünsche: *Das Ge-*

meinsame können wir noch vertiefen. - Die Zärtlichkeit sollte noch bewusster werden. - Man kann immer noch Neues entdecken und sich sogar Träume erfüllen. Eine nachdrückliche Stimme in diesem Sinne:

Ich möchte endlich das tun, das ich mir über 35 Jahre meines Berufslebens vorgestellt habe: Völlig selbstbestimmt zu sein. Und in dieser Selbstbestimmung mit Ihr tun und lassen können, wonach uns gerade ist. Das wird eine echte Herausforderung für uns. (Er, 65 Jahre, Paar 10).

Drücken wir ihm und allen mit ähnlichen Sehnsüchten unsere Daumen für ein gutes Gelingen. Allerdings: Der in Abbildung 10.2 ausgewiesene abgesunkene Punktewert auch für die persönliche Zukunft zeigt, dass sich das individuelle Sorgenkonto doch bei nicht wenigen aufgefüllt hat. Aber trotzdem: Die 78,1 Punkte sind immer noch ein guter Herbstler-Wert angesichts der so sehr eingetrübten Gesamtlage.

Im Lebensherbst ist das Lebensende gemeinhin noch recht weit außer Sicht. Der Acker ist bestellt, man erfreut sich seiner späten Früchte. Nur wenige unserer Herbstler brachten Sterben, Tod zur Sprache. Mag sein, dass eine Magie des Beschweigens das kommende Ende subjektiv in die Ferne rückt. Und wenn es dann näherkommt? Otto Reutter dichtete vor gut hundert Jahren dazu:

Und fürchte dich nie, ist der Tod auch nah,
Je mehr du ihn fürchtest, um so eher ist er da.
Vorm Tod sich zu fürchten, hat keinen Zweck.
Man erlebt ihn ja nicht – wenn er kommt, ist man weg.
Und schließlich kommen wir alle an die Reih'
...in fünfzig Jahren ist alles vorbei.

Ob man das dann wohl so gelassen sieht? Darüber müsste in einer *PAARtitur* für die Liebe im Winter gesprochen werden.

Wie plötzlich Unerwartetes unser Hoffen ins Wanken bringen kann, mussten wir während der Arbeit an der *Liebe im Herbst* erfahren. An einem frühen Abend im Mai verabschiedeten wir uns von Paar 13, einem der jüngsten, mit denen wir sprachen. Er, 65 Jahre, zuvor zur gemeinsamen Zukunft: *Genauso wie bisher. Kein Unterschied.* Und Sie, 60 Jahre: *Ich hoffe, dass es uns beiden gesundheitlich weiter gut geht. Dass wir das, was wir uns vornehmen, auch durchführen können.*

Am nächsten Vormittag wurde sie von ihrer Schwägerin bewusstlos in der Wohnung aufgefunden. Gottlob noch rechtzeitig, so dass umgehend medizinisch geholfen werden konnte. In den Wochen und Monaten danach stand er ihr bei der Überwindung der eingetretenen motorischen und sprachlichen Beschwernisse unverbrüchlich und mit Herz zur Seite – *dieser Mann, der alles immer sehr rational betrachtet hat,* wie beider Tochter staunend erlebte.

Blicken wir zum Abschluss unserer Tour d'Horizon zur Liebe im Herbst zeitlich weit zurück – bis zum zwölften Jahrhundert. Was damals ein unbekannter Dichter aufs Pergament setzte, klingt heute noch so frisch wie am ersten Tag. Sprachlich an unsere Schreibweise ein wenig angepasst:

Du bist min, ich bin din,
des sollst du gewis sin.
du bist beschlossen
in minem herzen:
verloren ist daz schlüzzelin
du musst immer drinne sin.

Noch schlagen die Herzen hell und fest – bei manchen zwar von Tropfen, Pillen, Bypass oder Schrittmacher freundlich unterstützt, aber, wie uns Paar 13 zeigt, unverzagt. Und die Liebe im Winter? Wir arbeiten daran.

Literaturhinweise

Apuleius (1998). *Das Märchen von Amor und Psyche.* Lateinisch/Deutsch. Ditzingen: Reclam.

Anna (2018). Die Bedeutung von Vertrauen aus psychologischer Sicht. *Psychologie-Magazin* vom 30.07.2018. Abrufbar unter: www.psymag.de/11560/bedeutung-vertrauen-psychologisch

Dalí, Salvador (1984). *Das geheime Leben des Salvador Dalí.* München: Schirmer/Mosel.

Der Ophthalmologe (2009/Band 106). Heidelberg: SpringerMedizin.

Die Bibel nach Martin Luthers Übersetzung. Revidiert 2017. Deutsche Bibelgesellschaft, Stuttgart.

Duden (2007). *Das Fremdwörterbuch.* Mannheim: Bibliographisches Institut & F. A. Brockhaus AG.

Duden (2007). *Das Herkunftswörterbuch.* Mannheim: Bibliographisches Institut & F.A. Brockhaus AG.

Franke, Dieter (2018). *Marathon - ein ernstes Spiel. Die 42,195 Marathongedichte.* Grevenbroich: KDP/Amazon.

Franke, Dieter (2020). *Berlin Rosenthaler 68 - Eine Kindheit in Krieg und Nachkriegszeit.* Aachen: Helios-Verlag.

Franke, Dieter (2020). *Rhythmisches Panorama - Gedichte und Readymades.* Grevenbroich: KDP/Amazon.

Freud, Sigmund (1969). *Beiträge zur Psychologie des Liebeslebens.* In: Gesammelte Werke, Band VIII und XIII. Frankfurt/M.: S. Fischer Verlag.

Fröhlich, Werner D. (2017). *Wörterbuch der Psychologie* (5. unveränderte Neuauflage). München: dtv Verlagsgesellschaft.

Grass, Günter (2003). *Zuletzt drei Wünsche.* Gedicht. Erschienen in: *Letzte Tänze.* Göttingen: Steidl Verlag.

Hahn, Ulla (2013). *Gibt es eine weibliche Ästhetik.* Gedicht, erschienen in: *Gesammelte Gedichte.* München: Deutsche Verlags-Anstalt München.

Hikmet, Nazim (2014). *Ich liebe dich.* Gedicht, übersetzt aus dem Türkischen von Helga Dagyeli-Bohne und Yildrim Dagyeli, erschienen in*: Das schönste Meer ist das noch nicht befahrene.* Berlin: Dagyeli-Verlag.

Huxhold, Oliver/Engstler, Heribert/Hoffmann, Elke (2019). *Entwicklung der Einsamkeit bei Menschen im Alter zwischen 45 bis 84 Jahren im Zeitraum von 2008 bis 2017.* Deutsches Zentrum für Altersfragen, DZA-Fact-Sheet.

Jonasson, Jonas (2011). *Der Hundertjährige, der aus dem Fenster stieg und verschwand.* München: Penguin.

Korte, Martin (2014). *Jung im Kopf – Erstaunliche Einsichten der Gehirnforschung in das Älterwerden.* München: Deutsche Verlags-Anstalt.

Krafft-Ebing, Richard von (1893). *Psychopathia Sexualis.* Stuttgart: Verlag von Ferdinand Enke.

Lanz, Arnold H. (2019). *Sex Ü60, Sex mit 60, 70, 80, 90 – Erotik ohne Ablaufdatum.* Hamburg: Verlag tredition.

Lehr, Ursula (!991). *Psychologie des Alterns.* Heidelberg/Wiesbaden: Quelle & Meyer Verlag.

Lenz, Siegfried (2005). *So zärtlich war Suleyken.* Augsburg: Verlagsgruppe Weltbild.

MacDonald, Matthew (2009). *Dein Gehirn – Das fehlende Handbuch.* Köln: O'Reilly Verlag.

Mann, Heinrich (2003). *Professor Unrat.* Hamburg: Rowohlt Taschenbuch Verlag.

Merkle, Rolf (2014). *Eifersucht. Vertrauen lernen – die Angst, nicht geliebt zu werden, überwinden.* Mannheim: PAL Verlagsgesellschaft.

Münster, Ruth (1961). *Geld in Nietenhosen – Jugendliche als Verbraucher.* Stuttgart: Forkel-Verlag.

Ovid (1990). *Metamorphosen.* Frankfurt/M.: Insel-Verlag.

Petermann, Franz (2012). *Psychologie des Vertrauens.* Göttingen: Hogrefe Verlag.

Perrig-Chiello, Pasqualina (2017). *Wenn die Liebe nicht mehr jung ist. Warum viele langjährige Partnerschaften zerbrechen und andere nicht.* Bern: Hogrefe Verlag.

Sacher-Masoch, Leopold von (1968). *Venus im Pelz.* München: Lichtenberg-Buch im Kindler Verlag.

Sade, Marquis de (2006). *Die 120 Tage von Sodom oder die Schule der Ausschweifung.* Köln: Anaconda Verlag.

Schindler, Ludwig/Hahlweg, Kurt/Revensdorf, Dirk (2007). *Partnerschaftsprobleme: Möglichkeiten zur Bewältigung – Ein Handbuch für Paare.* Heidelberg: Springer.

Schnarch, David (2020). *Die Psychologie sexueller Leidenschaft.* Stuttgart: Klett-Cotta.

Statistisches Bundesamt (Destatis)/Wissenschaftszentrum Berlin für Sozialforschung (WZB)/Bundesinstitut für Bevölkerungsforschung (BiB) (Hrsg.) (2022). *Datenreport 2021. Ein Sozialbericht für die Bundesrepublik Deutschland.* Abrufbar unter: www.destatis.de/DE/Service/Statistik-Campus/Datenreport/Downloads/datenreport-2021.html

Steinert, Janina/Ebert, Cara (2020). *The Impact of Covid-19 on Violence against Women and Children in Germany.* Technische Universität München und Leibniz-Institut für Wirtschaftsforschung Halle.

Tucholsky, Kurt (1930). *Stationen.* Gedicht. Erschienen unter »Theobald Tiger« in Die Weltbühne am 18.11.1930. Wieder in: *Lerne Lachen.*

Wahl, Hans-Werner (2017). *Die neue Psychologie des Alterns – Überraschende Erkenntnisse über unsere längste Lebensphase.* München: Kösel-Verlag.

Wehrli, Max (1962). *Deutsche Lyrik des Mittelalters.* Zürich: Manesse Verlag.

Willi, Jürg (2010). *Die Zweierbeziehung – Spannungsursachen, Störungsmuster, Klärungsprozesse, Lösungsmodelle.* Hamburg: Rowohlt Taschenbuchverlag.

Sachregister